Brigitte Biermann

Tod einer Lehrerin

Brigitte Biermann
Unter Mitarbeit von Martin Spiewak

TOD EINER LEHRERIN

Wie Pädagogen am System Schule zerbrechen

BELTZ

Besuchen Sie uns im Internet:
www.beltz.de

Umschlaggestaltung: Büro Hamburg
Umschlagabbildung: ©Getty Images/Ricky John Molloy
Satz: Nancy Püschel
Druck und Bindung: Druck Partner Rübelmann, Hemsbach
Printed in Germany

ISBN 978-3-407-85877-1

»Unterrichten ist die Küchenmagd
unter den akademischen Berufen.«

Frank McCourt: Tag und Nacht und auch im Sommer

Vorwort

Zu diesem Buch wurde ich durch eine authentische Geschichte inspiriert, die im Frühjahr 2007 in der Wochenzeitung DIE ZEIT erschien. Die Namen und Lebensumstände der Personen sowie der Ort der Handlung sind jedoch frei erfunden. Nur das Märchen zum Ende des Buches hat die betroffene Lehrerin so geschrieben, wie es hier wörtlich wiedergegeben ist.

Der Autor des ZEIT-Beitrages, Martin Spiewak, hat mir seine Recherchen überlassen. Ohne seine Vorarbeiten und seine zusätzlichen Anregungen hätte ich das Buch nicht schreiben können.

Ebenso zu großem Dank verpflichtet bin ich Karin Hübners Familie, ihrer Freundin, ihren Kolleginnen und Kollegen. Sie haben mir viel Vertrauen entgegengebracht und mit großer Geduld alle meine Fragen beantwortet. Immer wieder kam in den Gesprächen zum Ausdruck, dass sie an nichts so sehr leiden wie an diesem Schulsystem, dass nichts so sehr ihre Arbeit behindert und an ihren Kräften zehrt wie die ständig neuen Auflagen und Reformversuche. Und obwohl doch jeder weiß, dass eine sehr schnelle, grundlegende Bildungsreform dringend erforderlich ist, beginnt das System erst jetzt, sich behäbig wie ein Tyrannosaurus Rex zu einer Drehung zu entschließen – hoffentlich.

Denn noch immer werden Zehntausende junger Menschen ohne ordentlichen Schulabschluss ins Leben geschickt, noch immer verlassen Lehramtsstudenten die Universitäten, ohne eine Ahnung davon zu haben, was sie in den Schulen erwartet.

Und weiterhin werden Pädagogen verschlissen – knapp ein Viertel scheidet wegen Dienstunfähigkeit vorzeitig aus dem Beruf aus, so viele wie in kaum einer anderen Berufsgruppe.

Von den Pädagoginnen und Pädagogen, mit denen Martin Spiewak und ich gesprochen haben, arbeitet heute niemand mehr an der Platanen-Grundschule, von der in diesem Buch die Rede ist; sie haben sich versetzen lassen oder sind wegen psychischer Probleme ausgeschieden, Karin Hübner ist sogar gestorben.

Viele Lehrerinnen und Lehrer stehen den Veränderungen in der Schule fast ohnmächtig gegenüber. Oft sind sie so zermürbt, dass sie Verbesserungen nicht mehr als solche erkennen, sondern nur noch als Schikane erleben. Es mangelt den meisten von ihnen nicht an Engagement; doch bald schon verdunstet das wie der Tropfen auf dem heißen Stein. Nicht nur Geld brauchen sie, auch Zeit und neue Ideen. Täglich sehen sie sich konfrontiert mit einer wachsenden Zahl benachteiligter Kinder. Kinder, ob deutscher oder ausländischer Herkunft, die keinen klaren Satz sprechen können; die noch nie eine Märchenkassette gehört, ein Puppentheater erlebt, ein Museum von innen gesehen haben; die ohne Gutenachtgeschichte ins Bett gehen und häufig ohne Frühstück in die Schule. Kinder, die voll Zuversicht ihre Schulzeit beginnen, die ihre erste Lehrerin in der Grundschule lieben, weil sie ihnen zuhört und sie akzeptiert, weil sie ihnen Grenzen zeigt und sie mal in den Arm nimmt. Viele von ihnen machen nur zu schnell die unerträgliche Erfahrung, dass es für sie keine Zukunft gibt. Und die Lehrer? Sie fühlen sich alleingelassen mit diesen Schülern, und viele von ihnen haben das Gefühl, reparieren zu müssen, was die Gesellschaft kaputt gemacht hat.

Natürlich gibt es auch Schulen im Land, die ihre Kinder und Jugendlichen bestens ausgerüstet entlassen. Doch solange die gute Beispiele sind und nicht Selbstverständlichkeit, wird man von den Problemschulen reden müssen – und ebenso von ihren Lehrern.

Brigitte Biermann, im Winter 2008/2009

I

Auf dem Parkplatz stand noch kein Auto, als ich ankam. Ich war extra früh losgefahren, weil ich allein von Karin Abschied nehmen wollte. Den Schirm ließ ich im Auto. Der Himmel hing zwar bleischwer über dem Städtchen, aber mehr als fisseligen Novemberregen würde es nicht geben. Ich ging rüber zu der kleinen Treppe, die zum Friedhof führt. Bis zu der modernen, spitzgiebeligen Kapelle sind es nur ein paar Schritte.

Die Urne stand schon vorn auf einem kleinen Podest, zugedeckt mit Blumen. »Mit Näglein bedeckt, schlupf unter die Deck«, ging mir durch den Kopf, und schon schossen mir die Tränen in die Augen. Wie gern hatten Karin und ich gesungen, alte Schlager, Wanderlieder, die sie aus der Schule mitbrachte, Lieder von Herbert Grönemeyer, den Beatles. Ihre Stimme war hell, sie konnte viel höher singen als ich. Und sie war witzig. In unserem Beruf braucht man Humor, sagte Karin. Sie selbst hatte ihn.

Noch waren die Kerzen nicht angezündet, aber die gläserne Eingangsfront der Kapelle ließ milchiges Licht herein und die Glasfenster gegenüber in Rot- und Blautönen leuchten. Noch bildeten die Ficus-Bäumchen unterm schlichten Kreuz eine grüne Wand, später würden immer mehr Blumen und Kränze das Grün beleben.

Ich setzte mich auf einen der Rohrgeflechtstühle und starrte auf die Urne. Vor einem Sarg hat man wenigstens die Vorstellung, dass darin jemand liegt. Aber dieses kleine, schwarze Teil da – das sollte alles sein, was von meiner Freundin geblieben ist?

Ihr Vater wusste, dass sie verbrannt werden wollte, anlässlich des Todes einer Verwandten hätten sie einmal drüber gesprochen. Nur dass es so früh sein würde, damit hat niemand gerechnet, 51 Jahre wurde sie – kein Alter zum Sterben.

Ich war jedoch sicher, dass sie lieber in Neuenthal beerdigt werden wollte, auf dem katholischen Friedhof unweit ihrer Schule. Wir sind mal dort spazieren gegangen, und Karin sagte: Wenn ich tot bin, möchte ich hier begraben werden. Damit meine Schüler, wenn sie hier vorbeigehen, sagen: Guck mal, da liegt die alte Hübner! Damals hatten wir darüber gelacht. Der Tod, glaubten wir, lag in weiter Ferne. Nun ist er eingetreten, im wahrsten Sinne plötzlich und ohne jede Vorwarnung, und Karin wird nicht in Neuenthal, sondern im Münsterland begraben, wo sie aufgewachsen war.

Ich tupfte vorsichtig die Tränen ab, damit die Wimperntusche nicht jetzt schon schwarze Spuren hinterließ. Ich hab mich für dich geschminkt, Karin, denn du gingst nie ohne Make-up aus dem Haus. Auch auf ihrem Foto, das ich bei mir habe, sind die blauen Augen hinter der randlosen Brille mit Kajal und hellem Lidschatten umrandet, der Mund mit der weißen Zahnreihe rot geschminkt. Die blonden Haare schulterlang, der Kragen der Bluse hochgestellt. Lehrer dürfen sich nicht gehen lassen, hast du einmal gesagt. Das sei eine Frage des Respekts, auch gegenüber den Kindern. Wenn ich heute an Karin denke, sehe ich sie so vor mir: mit blitzenden Augen und strahlendem Lächeln. »Zurück bleiben schöne Erinnerungen« hatte ich auf die Schleife zu meinem Blumengesteck schreiben lassen.

Allmählich füllte sich die Trauerhalle. Die Leute kamen in Pulks, kaum ein Mensch allein. Das gesamte Kollegium war da, manche hatten auch ihre Männer oder Frauen mitgebracht, Sabine und Claudia sogar die Kinder. Sabines kleiner Sohn hat ein Steinchen in das kleine Loch geworfen, das ihre Urne aufnehmen sollte. Nur die Rektorin habe ich nicht gesehen. Seltsam. Es war Samstag, ihre Anwesenheit war also in keiner der beiden Schulen, die sie leitete, erforderlich. Auch später hat sie niemandem einen Grund für ihre Abwesenheit genannt.

Und Norbert fehlte, aber der war schon seit Wochen in der Psychiatrie. Zwanzig Jahre hatte er an ihrer Schule gearbeitet, und nun, mit Mitte Fünfzig, ausgebrannt, erledigt. Aber Kurt, ihr früherer Rektor, war gekommen. Ihm hatte, im Gegensatz zu Norbert, geholfen werden können. Und frühere Referendarinnen, die Karin betreut hatte, kamen. Dann die Mitglieder des Kirchenchores, Karins Vermieter-Ehepaar, einige vom Tennisclub, natürlich die Familie: die Eltern, der Bruder mit Frau und zwei fast erwachsenen Kindern, Nachbarn von Hübners und viele Freunde. Jürgen war allein gekommen. Mit ihm hatte sie eine ungute Beziehung verbunden, ein ewiges Hin und Her. Karin war nie darüber hinweggekommen, dass er sie verlassen hatte. Immer wieder hatte sie ihn angerufen: »Komm, ich koche etwas für dich«, wollte etwas mit ihm unternehmen. Später erfuhren wir, dass Jürgen genau drei Wochen nach Karin gestorben ist.

Thomas, der mit seiner Frau und mit Greta fast zu spät gekommen wäre, musste mit einigen anderen hinten stehen, so voll war die Trauerhalle. Es müssen über hundert Leute gewesen sein. Ach Karin, wenn du sehen könntest, wie viele dich gemocht haben! Und dabei dachtest du immer, du wärst bei allen wie das fünfte Rad am Wagen. Dass deine Kinder dich geliebt haben, wusstest du. Nach deinem Tod stand in der Schule ein kleiner Tisch mit deinem Foto und Bildern, die sie dir gemalt haben. »Du wahrst die beste Lehrerin der Wält«, »Ich hab so gerne sport mit dir gemacht«, »Wir hatten Muzik bei ihr, das war schön«, stand da. Und: »Liebe Frau Hübner, schade, das du schon tod bist.«

Ihr Vater war sehr beeindruckt, als er sah, wie beliebt seine

Tochter gewesen sein musste. Das hätte er ihr nicht zugetraut. Jetzt saß er da wie versteinert, klein, schmal, weißhaarig.

Karins Mutter rührte mich besonders. Noch kleiner und zerbrechlicher kauerte sie zwischen Mann und Sohn in der ersten Reihe, unaufhörlich weinend. Musste immer mal wieder zum Sauerstoffgerät greifen. Warum sie, meine lebenslustige Tochter, warum nicht ich, wo der Krebs doch sein Werk fast vollendet hat, mag sie sich gedacht haben. Ein Jahr später ist auch sie gestorben.

An die Worte des Pfarrers kann ich mich nicht erinnern. Nicht mal an die Musik. Irgendwas Klassisches. Das ging offenbar allen so. Meine Erinnerung setzt erst wieder mit dem Zug ein, wie er sich von der Kapelle zu der nahe gelegenen Grabstelle schlängelte. So ein kleines Erdloch, dahinein sollte Karin? Es war fürchterlich, so haben es alle empfunden. Und das Bild der Kollegen werde ich nicht vergessen. Wie Vögel im Regen standen sie da, mit eingezogenen Köpfen, als wollten sie sich verstecken. Guckten sich nicht an, guckten auf die Erde. Haben sie sich Vorwürfe gemacht? Hätten sie überhaupt etwas ausrichten können? Warum haben sie sich nicht gemeinsam gewehrt? Nicht mal die Gewerkschaft hat sich gerührt, dabei will die doch ihr Sprachrohr sein! Und der Lehrerrat – wo waren die alle? Alle sind so feige. Ob sie sich jetzt schämen?

Wir, Karins Freundinnen, haben ihr nach den Ereignissen mit dem Schulrat geraten, wegzugehen von dieser Schule. Aber sie wollte dort bleiben, wo sie sich auskannte. Sie liebte diese Kinder, fühlte sich wohl und sicher in ihrem Kollegium, in diesem Stadtviertel, das so ganz anders ist als das, in dem sie wohnte.

Wut auf die Ursache dieses Sterbens hing im Novembergrau, aber weil die Ursache nicht genau zu benennen war, blieb die Wut stumm und diffus.

Was war so schrecklich schiefgelaufen? Lange hatte ich angenommen, dass Karin ihren Beruf nicht nur über alles geliebt hat, sondern ihn, wenn auch auf ihre Weise, souverän ausübte. Stark genug, um mit dem fertig zu werden, was nicht so gut lief, und das war an ihrer Schule eine Menge. Doch schließlich war sie nicht die Einzige, die gegen alle diese Versäumnisse und Unzulänglichkeiten anzukämpfen hatte.

Warum jedoch nahezu alle, die am System Schule beteiligt sind, offensichtlich leiden, ohne imstande zu sein, etwas daran zu ändern, hatte ich schon damals nicht immer verstanden. Und auch, dass Larmoyanz eine trügerische Gemeinschaft stiften kann, ohne dem Einzelnen, wenn es Ernst wird, wirklich weiterhelfen zu können, ging mir plötzlich durch den Sinn. Bis der Stein den Sisyphos überrollt. Damals beschloss ich, Karins Geschichte aufzuschreiben.

Wir standen noch eine Weile hilflos auf dem Friedhof herum. Erst in der Gaststätte, beim Kaffeetrinken, kamen wir ins Reden.

»Ich hab gedacht, die Karin habe ein dickeres Fell gehabt.« »Dass sie sich das so sehr zu Herzen genommen hat.« »Sie wusste doch, dass sie eine gute Lehrerin war!« »All die Jahre mit so viel Freude bei so schwierigen Kindern.« »Das Kollegium hielt doch immer zusammen, niemand ist auf seiner Eisscholle sitzen geblieben.«

Hätten wir helfen können? Aber wie?

Was wiegen viele Worte gegen ein Wort, das alles übertönt?

2

KENNENGELERNT HABE ICH KARIN vor etwa fünfzehn Jahren während eines Skiurlaubs mit einer Reisegruppe. Sie stürzte in den Bus, als der gerade losfahren wollte, erklärte dem Fahrer etwas von einem ewig langen Stau, in dem sie stecken geblieben war, und ließ sich auf den einzigen noch freien Platz fallen, neben mir.

»Karin Hübner«, sagte sie atemlos und streckte mir ihre kleine, feste Hand entgegen.

»Eleonora Schlüter«, sagte ich. Wir lachten beide über diesen förmlichen Akt, und unser Händedruck war der Beginn dieser Freundschaft.

Heute frage ich mich, was sie veranlasst hatte, ausgerechnet einen Skiurlaub zu buchen. Sie war ziemlich unsportlich und bewegungsfaul, ein Spaziergang von zwei Stunden grenzte für sie an Landstreicherei. Vermutlich wollte sie während der Winterferien nur raus aus Neuenthal und weg von ihrem Freund oder Nichtfreund Jürgen, der sich zu keiner Verbindlichkeit entschließen konnte. Wir verstanden uns schnell, teilten miteinander ein Zimmer und redeten halbe Nächte über Männer, Klamotten, Bücher, Theaterstücke, Filme. Wir lösten Rätsel, das heißt, sie fand die meisten Lösungen blitzschnell, und wir lachten nachts in unseren Betten wie die Teenager in der Jugendherberge. Und wir erzählten von unserer Arbeit. Ich von meinen Terminen als Fotoreporterin, sie von ihren Alltag als Grundschullehrerin an einer der problematischsten Schulen im problematischen Stadtteil Ostende von Neuenthal.

Karin lebte allein, und ich lebe weitgehend allein – mein

Freund Frank ist Linienpilot; privat fährt er am liebsten mit seinem halbwüchsigen Sohn zelten, was mir ein Gräuel ist. Ich war froh, in Karin eine Reisepartnerin gefunden zu haben, zumal die Reisen mit ihr immer besondere Erlebnisse waren.

Zum Beispiel Ithaka: Eines Abends kamen wir an einem Platz vorbei, wo Einheimische feierten. Als wir stehen blieben, winkten sie uns in ihren Kreis. Eine junge Frau schöpfte für uns aus einem Eimer Suppe in Tassen, ein Mann reichte auf Packpapier kleingeschnittenes, gebratenes Ziegenfleisch, und nach ein paar Ouzo geriet Karin in Fahrt, erhob sich, tanzte und riss uns alle mit.

Oder Malaysia: Nach der gebuchten Rundreise sind wir noch zehn Tage auf einer Insel geblieben. Ein Deutscher vermietete kleine Hütten auf Stelzen, vor uns das Meer, hinter uns der Urwald voller fremder Gewächse und Geräusche – es war traumhaft schön. Ich schnorchelte und begeisterte mich an Korallenriffs, Schildkröten, bunten Fischen. Karin ging allenfalls mal zum Abkühlen ins Meer, mehr als zwanzig Schwimmzüge machte sie nie. Offenbar war sie ängstlicher, als sie je zugegeben hätte. Einmal fand ich sie weinend auf der Treppe vor unserer Hütte sitzend: »Weißt du, was eine Schlangenphobie ist? Ich hab furchtbare Angst vor Schlangen!«

Dennoch: Karin liebte es, zu reisen, erfreute sich an Landschaften, sie genoss es, viel zu lesen, Menschen kennenzulernen, besonders Kinder. Sah Karin Kinder, fing sie ein Gespräch mit ihnen an.

Einmal, in Birma, bot uns die Reiseleiterin an, eine Schule in der Nähe von Rangun zu besuchen. Karin guckte mich fragend an, und in ihrem Blick lag bereits die Vorfreude: »Hast du Lust?«

»Immer! Das gibt sicher tolle Fotos!«

Schon bald standen wir in einem Klassenraum vor etwa dreißig Sieben- oder Achtjährigen. Alle trugen Schulkleidung:

weiße Blusen beziehungsweise Hemden und grüne Röcke. Manche Mädchenröcke hatten Träger, die Longyi genannten Röcke der Jungen nicht. Die Lehrerin stellte uns auf Birmanisch vor, sagte, dass wir aus einem sehr fernen Land kämen und dass Karin auch Lehrerin sei. Karin fragte sie auf Englisch, ob sie mit den Kindern ein Lied singen dürfe. Und dann legte sie los:

»If you're happy and you know it clap your hands, clap-clap,
if you're happy and you know it, then your face will surely show it,
if you're happy and you know it, clap your hands …«

Die Kinder klatschten beim ersten clap-clap zögernd mit, bei der zweiten Strophe stimmten sie in den Refrain ein, und das Klatschen wurde lauter. Sie strahlten uns an mit ihren dunkelbraunen Knopfaugen. Da hab ich begriffen, dass Karin mit Leib und Seele Lehrerin war.

1982 oder 83 war Karin an die Platanen-Grundschule im Stadtteil Ostende gekommen. Sie war 27 oder 28 Jahre alt. In der Schachtanlage Ost und den umliegenden Zechen arbeiteten damals noch mehrere Tausend Menschen, unter ihnen viele türkische Bergleute aus der Gegend am Schwarzen Meer. 1990 wurde auch die Schachtanlage Ost geschlossen, und die meisten Bewohner Ostendes sind seitdem arbeitslos. Die Bevölkerungsstruktur veränderte sich auffällig; Familien zogen weg, weil sie andernorts Arbeit gefunden hatten, andere kamen dazu, weil sie nach einem sozialen Absturz billigere Wohnungen suchten. Karin hatte den Niedergang des Viertels an ihren Schülern miterlebt. Schüler, mit denen sie gerne gearbeitet hatte, verließen die Schule, die, die kamen, waren fast alle schwierig. Sie hatten bereits einiges hinter sich, das nicht gut für sie war.

Einmal holte ich Karin von der Schule ab, weil wir ein Bild für ihre neue Wohnung kaufen wollten. Ich wartete auf dem Flur. Es war Pause und ein Geräuschpegel, der nach meinem Verständnis weit über der zulässigen Norm für Innenräume lag. Kleine Kinder können kreischen, dass einem das Trommelfell vibriert. Rund zehn Prozent der Grundschulkinder hören schlecht, hab ich irgendwo gelesen, das wunderte mich nun nicht mehr.

Vor mir erklomm ein kleiner Junge die Treppe wie ein Dreijähriger: Setzte einen Fuß auf die nächste Stufe, hob den anderen nach, dabei zog er sich mit der Hand am Geländer hoch. Ich dachte erst, er sei behindert, aber oben angelangt, flitzte er den Flur mit kerngesunden Beinchen entlang. Neben mir prügelten sich zwei Jungen, zwei andere brüllten in einer mir fremden Sprache auf sie ein. Ein großer, schlanker Mann mit auffallend dichtem, hellem Haarschopf eilte herbei und entknäulte die Kinder, schickte sie in ihren Klassenraum.

»Warten Sie auf mich?«, fragte er und stellte sich vor: Weller, Rektor der Schule. Ich sagte meinen Namen und dass ich auf Frau Hübner warte.

Er wies auf die offen stehende Tür zu seinem Zimmer, das sei ein ruhigerer Platz zum Warten. Der Raum wirkte düster und vollgestopft, überall lagen Akten und Papierstapel.

Als ich eine Äußerung über das Sprachgewirr machte, fing der Rektor ohne Umschweife an, zu erzählen: »Wenn irgendwo auf der Welt ein Konflikt aufflackert, weiß ich, welche Kinder wir kurze Zeit später bekommen. Wir hatten sie alle: erst die Afghanen, dann die Libanesen, später die Bosnier.«

Russen kämen aus irgendwelchen Gründen nicht vor, fuhr er fort, die wenigen Polen würden nicht auffallen, auch nicht die afghanischen Kinder; deren Väter wären Ärzte, Lehrer oder Anwälte, die großen Wert auf Bildung legten. Die größte Gruppe der Nichtdeutschen seien die türkischen Kinder. Die

Familien seien zwar intakt, aber die Jungen würden zu Machos erzogen. Und die meisten mit arabischen und türkischen Wurzeln würden nicht mal ihre Muttersprache beherrschen – sie kämen aus einfachen Verhältnissen, die Mütter sprächen kaum oder gar nicht Deutsch und ihre Heimatsprache nicht korrekt. So würden die Kinder ein Kauderwelsch übernehmen, in dem die einfachsten deutschen Begriffe fehlen.

Die benachbarte katholische Grundschule habe diese Probleme natürlich nicht, erfuhr ich. Muslimische Eltern geben ihren Nachwuchs nicht auf eine konfessionelle Schule.

»Aber auch die deutschen Kinder sind nicht unproblematisch. Eltern sind durch Arbeits- und Hoffnungslosigkeit mit der Erziehung ihrer Kinder überfordert und vermitteln ihnen keine Regeln, das müssen wir dann ausbügeln.«

Am schwierigsten jedoch, so erzählte Weller weiter, seien die Kinder libanesischer Herkunft: Viele Eltern seien Asylbewerber, deren Erlaubnis, in Deutschland zu bleiben, seit Jahren alle paar Monate verlängert werde. Da sie nicht arbeiten dürfen, hocken sie zu Hause und sehen fern, mal deutsche, mal arabische Sender. Nicht nur die Erwachsenen, sondern auch die Kinder mache das aggressiv. »Emotional verwahrlost«, seien viele Schüler, einige auch so gewalttätig, dass man als Erwachsener schon seinen Mut zusammennehmen müsste, um den ältesten von ihnen, den Zehn- oder Elfjährigen, entgegenzutreten.

Inzwischen war Karin mit Jacke und Tasche an der offenen Tür vorbeigelaufen, und als sie mich bei ihrem Rektor sah, kam sie herein. »Wo ihr schon bei dem Thema seid, dazu kann ich was beisteuern, Kurt«, sagte sie. »Ich habe eben zum dritten Mal bei Familie Abou Arbid angerufen, weil Fuat keinen Tag pünktlich kommt und schon wieder einem Kind die Buntstifte geklaut hat. Es ist sinnlos – jedes Mal ein anderer Mensch am Telefon, der nicht Deutsch spricht, der Vater nie erreichbar, der große Bruder, der Deutsch kann, sitzt gerade im Knast. Ich werde die Eltern schriftlich einbestellen, mal sehen, ob jemand erscheint.«

»Wir können nicht die Probleme dieses Stadtteils lösen, wir können nur versuchen, unser Bestes zu geben, um den Kindern ein halbwegs angemessenes Sozialverhalten zu vermitteln. Und ihnen vielleicht das eine oder andere in Deutsch und Rechnen beibringen«, sagte Weller zu mir gewandt und sein Blick verlor sich im Nirgendwo. Er schloss die Tür seines Dienstzimmers und fuhr fort: »Wenigstens haben wir es nicht mit ethnischen Konflikten zu tun. Manchmal streiten sich auch hier Sinti- und Türkenkinder, aber zu richtigen Kämpfen kommt es erst, nachdem sie die Grundschule verlassen haben.«

»Sintikinder?«

»Erzähl ich dir im Auto«, sagte Karin.

Ich hatte nicht gewusst, dass in Ostende Sintifamilien leben. In jeder Klasse der Platanen-Grundschule sitzen drei bis vier ihrer Kinder. Sie sprechen untereinander ihre eigene Sprache, Romanes, in der Schule Deutsch. Ein Wanderschüler-Erlass gibt ihnen das Recht, mit den Eltern im Sommer unterwegs zu sein, die als Händler, Musiker, Schausteller oder Marktverkäufer arbeiten. Auch während dieser Reisen sollten die Kinder Schulen besuchen und diese Besuche in einem Buch bestätigen lassen. Ein Witz sei das, sagte Karin, denn kaum ein Buch wird ordentlich geführt. Und auch im Winter fehlen die Kinder aus nichtigen Anlässen: Ein Schnupfen des Bruders, eine kleine Verstimmung genügen, um der Schule fernzubleiben.

»Aber wenn sie da sind, verhalten sie sich unauffällig, sie sind untereinander sehr solidarisch, nur sind diese Fehlzeiten mit der allgemeinen Schulpflicht nicht kompatibel. Es gab auch mal ein Förderkonzept für die Sintikinder, das alle für gut hielten: Die Kinder sollten, wenn sie von der Sommerreisezeit zurückkamen, von einer speziell dafür ausgebildeten Lehrerin gesondert unterrichtet werden, um den versäumten Stoff wenigstens ansatzweise nachzuholen. Doch kaum war diese Lehrerin erschienen, musste sie für eine dauerkranke Klassenlehrerin einspringen. Da hatten wir also das Sinti-Projekt, aber kein Personal dafür«, sagte Karin.

3

Von Jahr zu Jahr wurde die Situation schwieriger an der Schule. Anfangs hatte es immer drei oder vier Kinder gegeben, die nach der Grundschule auf das Gymnasium wechselten. In den letzten Jahren waren die Lehrer froh über jeden Viertklässler, dem sie guten Gewissens eine Empfehlung für die Realschule geben konnten.

Karin war hineingewachsen in die immer prekärer werdende Situation der Schule und hängen geblieben. Weil die Kinder schließlich nichts können für ihre Herkunft. Weil dieses »Super-Kollegium«, wie sie sagte, so wunderbar zusammenpasste und zusammenhielt. Und weil es irgendwann für sie zu spät war für einen Wechsel. Lehrer sind oft überraschend ängstlich, musste ich mit den Jahren feststellen, viele fürchten Veränderungen geradezu.

Nach und nach lernte ich das Kollegium kennen, beziehungsweise all jene Lehrerinnen und Lehrer, mit denen sich Karin gut verstand. Und das waren die meisten. Sie erschien mir wie eine Spinne: Sie spann ihre Freundschaftsfäden, verband sie miteinander, pflegte sie. Claudia und Sabine haben durch Karin ihre Männer kennengelernt, geheiratet, Kinder bekommen. Und Karin war auch für diese Kinder eine große Freundin. Nur sie selbst fand keinen Mann, der blieb.

Manchmal sprachen wir von einem großen Haus, das wir mieten und in das wir alle einziehen wollten – Claudia und Sabine samt ihren Männern und Kindern, Karin, mein Freund und ich. »Dann wäre niemand allein, und ich könnte die Kinder hüten«, träumte Karin.

Treffpunkt für alle war jahrelang »Unter den Kastanien«, eine Kneipe in der Weststadt. Man konnte kommen, wann man wollte, immer traf man Bekannte. »Unter den Kastanien« war Wohnzimmer, Klatsch- und Tratschbörse, Eheanbahnungsinstitut. Meist war es so voll, dass man kaum aufs Klo oder zum Ausgang kam. Das einstöckige Haus beschatteten tatsächlich drei alte Kastanienbäume, und im Sommer saß oder stand man dicht gedrängt unter ihren dichten, grünen Dächern. Karin, die das Rauchen aufgegeben hatte, trank meist nur ein Bier oder ein Glas Wein, dafür redete und lachte sie umso mehr. Sie kämpfte immer gegen ein paar Pfunde, die sie meinte, zu viel auf den Rippen zu haben.

Über der Kneipe wohnte Jürgen. Jahrelang ging das zwischen ihm und Karin hin und her. Einen Sommer segelten sie mit seinem Boot auf dem Ijsselmeer, im Herbst trennten sie sich. Er heiratete ziemlich schnell eine andere, ließ sich scheiden und wieder von Karin bekochen. In Trennungsphasen mied sie die »Kastanien«, hielt es aber nicht lange ohne ihre Runde aus. Ein Frühjahr lang war ein Steuerberater der Mann an ihrer Seite, aber schon im Sommer war die Liebe wieder zu Ende.

Da die meisten ihrer Freunde und Bekannten Pädagogen waren, drehten sich die Gespräche häufig um Schule. Mein Bruder ist zwar auch Lehrer, doch der erzählt nicht so viel von seiner Arbeit. Die Frauen aber redeten sich den Frust des Alltags von der Seele und konnten dann wieder fröhlich sein.

Einmal, wir standen zu fünft unter der mittleren Kastanie: Karin, Anna, Sabine, Nikola und ich.

»Der Kotleger hat heute wieder zugeschlagen«, vermeldete Nikola mit todernster Miene.

»Wie bitte?« Ich verstand nicht.

Die anderen lachten.

»Ist nicht das erste Mal passiert. Irgendjemand legt gelegentlich ein Häufchen in den Schulflur«, erzählte Nikola. »Da fragt man sich, wer geht so ein Risiko ein, im Schulflur in die Ecke zu kacken?«

»Und wir steigen nicht dahinter, wer es ist«, sagte Sabine.

»Es ist auch schon vorgekommen, dass sich ein paar Jungs gegenseitig angepinkelt haben, immerhin taten sie das auf der Toilette. Ist auch nicht besonders originell.«

»Ist das nicht auf die Dauer frustrierend, so etwas zu ertragen?«, fragte ich.

»Die Kinder tun mir leid, die können ja nix dafür«, sagten Karin und Sabine wie aus einem Munde. Und Nikola meinte: »Das darf nicht frustrieren, sonst könnten wir es lassen. Schuld haben die Eltern, die sich nicht kümmern, und das, was alles drumherum geschieht. Auch, dass sie wie in einem Getto leben.«

Sie nippte an ihrem Chardonnay und schilderte diese Elternhäuser in einem so beiläufigen Ton, als würde sie von ihrem letzten Einkauf im Supermarkt berichten:

»Wenn der einzige Tisch in der Wohnung der Küchentisch ist, an dem Gemüse geputzt, gegessen und das Baby gewickelt wird, darf das Schulkind, wenn es Glück hat, dort zwar seine Hausaufgaben machen, aber nicht auch noch mit Wasserfarben oder Wachsstiften malen, das verursacht ja Dreck. Also kann es nicht malen, kennt so was gar nicht. Grundschulkinder bringen kleine Geschwister in den Kindergarten, weil die Mutter morgens nicht aus dem Bett findet. Eine Siebenjährige erledigt nach der Schule den Abwasch für die fünfköpfige Familie. Auf einer Klassenfahrt kotzte ein Mädchen, ein anderes machte das ohne Murren weg. Sie kannte das von zu Hause – die Mutter ist oft besoffen. Ein Junge ärgert sich, weil die Mutter noch immer nicht Deutsch kann und er zum Elternsprechtag als Dolmetscher mitmuss. Immer mehr Grundschülerinnen werden von ihrer Periode überrascht, völlig ahnungslos, was da mit ihnen passiert. Einmal kam ein Mädchen in Sandalen zum Sportfest;

die Turnschuhe seien oben im Schrank, wo sie nicht ranreichte; die Eltern waren schon zur Arbeit gefahren.

Die Kinder unterscheiden sehr fein zwischen Urlaub und Ferien. Urlaub – also verreisen –, das kennen die wenigsten. Und Ferien finden viele langweilig, besonders die türkischen Mädchen, weil die alleine nicht rausdürfen. Einige türkische Kinder schlafen im Unterricht fast ein, weil ihre Familien nachtaktiv sind und sie auch nicht vor Mitternacht ins Bett gehen. Und viele kommen ohne Frühstück in die Schule, manche sitzen da mit einer Tüte Chips und einer Dose Cola. Ich hab immer Kekse und ein paar Äpfel in der Schublade.«

Mir fiel ein komisches Wort ein, das Herr Weller erwähnt hatte. »Schubile, was ist das eigentlich?«, fragte ich.

»Eins von etlichen Projekten. Ist eine gute Sache«, sagte Karin. »›Schulen fördern bilinguales Lernen‹ heißt das ausgeschrieben und bedeutet, dass jeweils ein deutscher und ein türkisch- oder arabischstämmiger Kollege gemeinsam unterrichten – im ersten Schuljahr eine Stunde pro Tag, in den Klassen danach etwas weniger. Wir gehörten zu den Ersten, die mit dieser zweisprachigen Alphabetisierung begonnen haben.«

»Danach wurde der Kontakt zu den Eltern übrigens etwas besser, sie nahmen mehr am Leben in der Schule teil, haben ihre Angst vor den Lehrern verloren «, sagte Anna.

»O Gott, erinnert ihr euch an die Lehrerkonferenz mit diesem Schulrat, in der er uns dieses Projekt andiente?«, rief Nikola.

»Der war fürchterlich«, sagte Karin.

Mein fragender Blick ermunterte Nikola, ausführlicher zu werden:

» Jahnke heißt der Mann. Hartmut Jahnke. Wir waren damals nicht gerade begeistert, als er das Projekt vorstellte, weil wieder mehr Arbeit drohte, und stellten Fragen. Er reagierte total unmöglich. Sobald jemand von uns etwas sagte, macht er ihn regelrecht zur Sau: Wenn er Probleme hätte, könne er ja gehen. Es stünden zehntausend Lehrer auf der Straße, die unseren Job machen wollten – es war eine richtige Lehrer-Abklatsche.«

»Ich ärgere mich heute noch, dass ich seinetwegen geheult hab«, sagte Karin.

»Beruhige dich, du warst ja nicht die Einzige «, sagte Sabine.

»Wir haben uns zwar über sein Verhalten beschwert, aber das hat nichts genützt«, sagte Nikola.

»Da ist ja Greta!«, rief Karin plötzlich und winkte eine Frau mit dunklen Locken in unsere Runde.

»Greta ist an der Kästner-Schule«, stellte sie vor und nannte dann unsere Namen.

»War«, sagte Greta, »ich war an der Kästner-Schule.«

»Oh«, sagte Karin. »Ich wollte mir gerade einen Wein holen, soll ich dir einen mitbringen, Greta? Rot oder weiß?«

»Danke, bring mir doch eine Apfelschorle mit.«

»Keinen Wein?«

»Nicht mehr.«

«Oh«, sagte Karin noch einmal. Was in so einem Oh alles stecken kann, dachte ich.

Als Karin mit den Getränken zurückkam – wir hatten inzwischen über das Wetter und andere Banalitäten geredet –, fragte sie direkt:

»Geht's dir nicht gut, Greta?«

»Danke, langsam geht's wieder besser. Der Pensionierungsantrag läuft.«

»Du bist doch erst kurz über Fünfzig!«

»Stimmt, ich wär auch gern bis zum Ende dabeigeblieben, aber ich kann nicht mehr. Mobbing«, sagte Greta. »Ganz infames Mobbing. Nicht die Kinder.« Ihre Stimme bekam einen Bruch. »Erzähl ich dir später mal.«

Alle guckten in ihre Gläser, bis sich Nikola unvermittelt an Anna wandte:

»Was ist eigentlich aus der Sache mit dem Schuss geworden?«

»Was für ein Schuss?«, fragten mehrere gleichzeitig.

»Vorige Woche kam ich in die Klasse, ließ ein Diktat schreiben, da rief ein Junge plötzlich: Da ist ein Schussloch in der Scheibe! Ich dachte, okay, da übertreibt mal wieder einer, der wohl zu viel Fernsehen angeschaut hat. Ich sagte gelassen: Ich guck mir das nachher mal an. Und dann bin ich am Fenster vorbeigegangen – das sah wirklich seltsam aus, in der mittleren Scheibe war ein Schussloch. Sah zumindest so aus. Nachmittags werden die Räume aufgeschlossen, wenn geputzt wird. Es kann also sein, dass die Tür nicht wieder abgeschlossen worden ist«, sagte Anna. »Ich hab nach dem Unterricht die Polizei angerufen. War 'ne tolle Idee. Die haben gesagt, ich solle das mal in meiner Klasse klären. Aber wie denn? Hätte ich alle heimschicken sollen mit der Auflage, keiner kommt zurück in die Schule, bevor das nicht geklärt ist? Als ob sich da einer melden würde! Es kann schon vorkommen, dass Kinder bei ihren Eltern Waffen finden. Ehrlich gesagt, ich war so überfordert, dass ich nichts mehr unternommen habe. Das ist zwar nicht die erste Schule, an der ich unterrichte, aber die schlimmste.«

»Das andere Extrem in der Weststadt möchte ich jedenfalls nicht haben«, sagte Karin.

Jetzt meldete sich Greta zu Wort:

»Dort hat man Kinderchen von Ärzten, Rechtsanwälten, Werbefritzen, die, sobald ihr Genie Chiara-Lara oder Titus eine Drei in Mathe hat, vor der Tür stehen und diskutieren. Ehe die Lehrer dort schlechte Noten verteilen und der Anwalt Sowieso auftaucht, bewerten sie ihre Klientel lieber gleich besser. Nein, das ist ein Stress, den ich mir auch nicht antun wollte.«

»Aber es wohnt sich gut in der Weststadt, oder?« Sabine spielte ironisch auf Karins noble Adresse an.

»Du bist schon umgezogen?«, wollte Anna wissen.

»Ja, vor zwei Wochen. Wenn ich mit allem fertig bin, müsst ihr mich besuchen. Die Wohnung ist wunderschön und hell, die Straße ruhig, die Hausbesitzer, die unten wohnen, sind freundliche Leute – was will man mehr?«, sagte Karin.

»Ich wär da nicht hingezogen«, sagte Sabine. »Ich hätte dir was Lebendiges gewünscht, ein buntes, gemischtes Haus. So bist du der kleine Einlieger der Superreichen.«

Sabine ist eine fröhliche, sportliche Frau mit einem blonden Kurzhaarschnitt.

Karin protestierte: »Mag sein, dass die reich sind, sie stellen ihren Reichtum aber nicht zur Schau.«

»Und ihre Bilder an den Wänden im Treppenflur, die Skulpturen auf dem Treppenabsatz?«

Anna machte dem Geplänkel ein Ende:

»Sag mal, Karin, dann kommst du doch bei mir vorbei, wenn du mit dem Auto zur Schule fährst? Ich hab im Moment kein Auto. Ob du mich gelegentlich morgens mitnehmen könntest? Oder nimmst du die Straßenbahn?«

»Nö, Straßenbahn fahre ich selten, die ist mir zu voll, zu rappelig. Ich nehme dich gern mit, kein Problem! Ich bin morgen viertel nach sieben bei dir – okay?«

Und bevor sich Anna bedanken konnte, umarmte Sabine Karin und sagte: »Du bist wirklich 'ne Liebe, Karin.«

Und Anna sagte: »Weißt du noch, Karin, wie du mir den Finger-Trick erklärt hast, als ich von der Sekundarstufe I an die Grundschule gewechselt war und unerfahren in der Entscheidung, ob ein Kind an der Förderschule wohl besser aufgehoben wäre?«

Karin lachte. Wie der funktioniert, wollten wir wissen, und Anna erzählte:

»Zeig dem Kind deine Hand und lass es die Finger zählen. Schafft es das mit viel Hilfe deinerseits, schüttelst du die Hand aus und lässt das Kind noch mal zählen. Versucht das Kind, von vorn anzufangen mit der Zählerei, ist der Fall wohl ziemlich eindeutig. Ich hab's gemacht, und es hat wirklich funktioniert.«

Alle lachten. Aber dann wurde Anna ernst: »Hab ich euch mal von dem Jungen erzählt, der in der vierten Klasse weder rechnen noch schreiben konnte? Dafür konnte er aus Pappe wunderbare Dinge basteln, zum Beispiel ein ziemlich kleines Fahrrad – das hätte ich nie gekonnt. Ich hätte ihn gern in meiner Klasse behalten. Aber dafür hätte ich viel mehr Zeit haben müssen.«

Die anderen, die Annas Geschichte wohl schon kannten, unterhielten sich inzwischen über den Film »Ray«, sie schwärmten von der Musik und Jamie Foxx' Darstellung des Ray Charles. Ich aber hörte Anna aufmerksam zu:

»Danach bekam ich meine erste Klasse, dreißig Schulanfänger, darunter zehn Türken und Araber, die fast kein Deutsch sprachen, sich aber ziemlich aggressiv verhielten – ich war fix und alle. Das war der Punkt, an dem ich mir ein Handy zugelegt habe, ohne das ich nicht mehr in die Klasse ging, weil ich nicht wusste, was passieren könnte und ob ich mal Hilfe brauche.

Es war unglaublich mühselig für mich, denn solche Kinder waren in meiner Ausbildung nie vorgekommen, dafür kriegt man keine Anleitung, man wurschtelt sich durch. Am Ende des Schuljahres hatten die Kinder zwar was kapiert, aber natürlich nicht das, was sie bei entsprechend aufwendiger Förderung hätten lernen können. Damals gab es noch nicht das Schubile-Projekt, die haben eben ab und zu verstanden, was ich von ihnen will, und dabei etwas Deutsch gelernt..«

»Und wie hast du ihnen etwas beigebracht?«, fragte ich.

»Ich hab versucht, kleine Geschichten anhand von Bildern zu erzählen, hab sie kurze Texte auswendig lernen lassen, hab für die Eltern Zettel mitgegeben: Üben Sie das mit den Kindern, so viele Sätze, wie das Kind aufnehmen kann. Am liebsten hätte ich sie jeden Tag eine Geschichte lesen und nacherzählen lassen, aber da wäre ich zu nichts anderem gekommen. Die sind ja auch so langsam – eh sie mal ein Heft rausholen, es überhaupt gefunden haben, eh die mal kapiert haben, was ich will – da fehlen die grundlegenden Dinge! Ich muss zeigen, holt jetzt diesen Stift, manchmal hab ich Sachen selbst gekauft, weil die auch beim fünfzigsten Mal nicht da waren und ich endlich weitermachen wollte.« Anna seufzte. »Gott, war ich naiv: Als ich hörte, im ersten Schuljahr rechnen die meisten nur bis zehn, war ich entsetzt: Das lernen andere in einem Monat!«

»Wie bringt man einem Kind Rechnen bei, wenn es nicht versteht?«

»Das ist eigentlich leichter, als ihnen eine Sprache beizubringen. Wir benutzen Steckwürfel, Rechengeld, Einmaleins-Hilfen. Wir zeigen ihnen mithilfe von Gegenständen, was wir meinen, das muss man bei den anderen Kindern auch, denn Theorie funktioniert noch nicht.

Diese Kinder haben keine Vorstellung von Zahlen, viele können nicht mal zählen, wenn sie in die Schule kommen! Man fängt bei null an: Das ist ein Gegenstand, das sind zwei, das drei ...!«

Ich dachte an Emma, meine vierjährige Nichte, die flott bis dreißig zählt, ein großes Repertoire an Liederkassetten hat und tonsicher singt, die »Pippi-Langstrumpf«-Geschichten und die vom Räuber Hotzenplotz nacherzählt und schon mehr Bücher besitzt als viele Erwachsene.

»Warum bist du eigentlich von der Realschule gewechselt?«, wollte ich von Anna wissen.

»Ich hatte gelesen, Grundschullehrer seien zufriedener mit ihrer Arbeit. Und nun muss ich feststellen, dass man nicht in Ruhe arbeiten kann. Kaum ist eine Reform in Gang gebracht, muss die nächste durchgeboxt werden. Ich finde wichtig, dass jeder Lehrer seinen Weg finden, seine Stärken ins Spiel bringen kann, damit ein Kanon draus wird, der allen nützt. Doch dazu kommt man nicht.«

4

Zwei Sommer nach Karins Tod traf ich Herrn Oruk in der Fußgängerzone. Mit kleinen, flinken Schritten überholte er mich in der Bahnhofstraße.

»Iyi günler, Herr Oruk!«, rief ich, als ob ich mehr in seiner Muttersprache sagen könnte als diese Begrüßungsformel. Er schaute mich erstaunt an.

»Wir haben uns 2001 in Izmir kennengelernt, auf einer Fortbildungsreise für Lehrer – ich war die Freundin von Karin Hübner«, half ich ihm auf die Sprünge.

»Ja, Frau Hübner …«, sagte er, »eine sehr nette Kollegin, das war eine sehr traurige Geschichte.«

Ich war damals am vorletzten Tag dieses siebentägigen Studienaufenthaltes zu der Gruppe gestoßen, um mit Karin eine weitere Woche durchs Land zu reisen. Herr Oruk, der einst in Berlin studiert hatte, war mehr als zwanzig Jahre Berater bei der RAA gewesen, der Regionalen Arbeitsstelle zur Förderung von Kindern und Jugendlichen aus Zuwandererfamilien – so der etwas sperrige Titel dieser Institution. In dieser Funktion arbeitete er mit dem Schulamt und einigen Schulen aus Ostende zusammen; er hatte sich einiges ausgedacht, um Kindern schneller die deutsche Sprache zu vermitteln. Seine Idee war es auch, deutsche Lehrer mit türkischen Kollegen in die Türkei zu schicken, um ihnen Einblick in das Land zu geben, aus dem ein Großteil ihrer Schüler stammt. Bei Karin war ihm das vollauf gelungen; schon während dieser ersten Reise hatte sie ihr Herz für die Türkei entdeckt, jedes Jahr fuhr sie in den Osterferien hin.

»Organisieren Sie noch solche Studienreisen in die Türkei?«

»Leider wurde das mit meinem Ausscheiden nicht fortgesetzt. Aber wissen Sie, es war ohnehin nicht einfach, eine Akzeptanz dafür in den Schulen und bei den Behörden zu erreichen. Irgendwo hört der Elan auf, wenn man nicht unterstützt wird.«

»Aber alle schwärmten doch von so einer Reise – sie hätten dabei unglaublich viel erfahren!«

»Stimmt. Das Schubile-Projekt kennen Sie? Auch das haben wir sehr unterstützt. Zudem sehr viele Seminare und Veranstaltungen organisiert, aber in so einer Woche in der Türkei hat sich für die Kollegen eine ganz andere Welt erschlossen. Manche haben offen zugegeben, dass sie zwar seit zwei Jahrzehnten türkische Kinder unterrichten, dass sie aber erst in dieser einen Woche in der Türkei gelernt haben, ihre Schüler und deren Eltern besser zu verstehen. Das war wirklich eine gute Sache.«

Den letzten Satz sagte er wohl mehr zu sich.

Damals in Izmir besuchten Karin und neun oder zehn andere Lehrer aus Neuenthal verschiedene Schulen, eine sonderpädagogische Einrichtung und auch einen Kindergarten. Sie konnten mit Lehrern und Vertretern des dortigen Schulamtes reden. Sie machten einen Ausflug nach Ephesos, in diese wunderbar erhaltene antike Stadt. Einen Abend verbrachten sie in einer türkischen Familie, einen in einem Musiklokal, und jeden Tag brachten die türkischen Kollegen ihren deutschen etwas Türkisch bei – im Hotel, am Stand oder irgendwann zwischendurch. Karin hat es geholfen, die Orthografie- und Syntaxprobleme der türkischen Kinder zu verstehen. Auch gefiel ihr die Schulkleidung; niemand, auch kein Lehrer, trägt dort Jeans.

All das fiel mir ein, als ich neben Herrn Oruk durch die Bahnhofstraße ging, und auch, was Karin damals so beeindruckt hatte: »Sie konnte nachempfinden, was Türken, die kein

Deutsch verstehen, bei uns fühlen. Es muss wie ein Gefängnis im Kopf sein, wenn man nichts versteht.« Und sie war von der Disziplin der türkischen Kinder, die sie dort erlebt hatte, fasziniert. Zum Beispiel standen die Kinder in langer Schlange für das Mittagessen an, aber keines habe gedrängelt oder gemeckert. Und sie seien wacher, interessierter, unglaublich diszipliniert und höflich, eben so ganz anders als viele, die sie aus ihrer Schule kannte. Nirgends hätte sie einen Streit gesehen. Einmal, in einer Dorfschule, habe ein kleiner Junge in mittelblauer Schuluniform ihr die Hand geküsst, was sie sehr irritiert habe. Es sei wohl mancherorts noch üblich, dass Kinder auf diese Weise ihren Eltern Ehrerbietung zeigen.

»Stimmt es, dass die Kinder in der Türkei disziplinierter sind als die Kinder hier?«, wollte ich von Herrn Oruk bestätigt wissen.

»Stimmt. Dabei sind die Klassen größer, die Lernerfolge aber auch. Sogar sonntags habe ich Schüler ganz früh an einer Bushaltestelle stehen sehen, um zu Kursen zu fahren. Bei einer dieser Studienreisen haben wir in Antalya ein Gymnasium besucht. Eine deutsche Lehrerin staunte über den Lehrplan: eine Vierzigstundenwoche und dazu mindestens zehn Stunden zusätzliche Kurse, um sich auf die Uni vorzubereiten. Sie konnte gar nicht fassen, wie fit diese Schüler trotz der gewaltigen Belastung sind.«

Bis zur achten Klasse ist der Schulbesuch frei, der daran anschließende Besuch eines Gymnasiums oder einer Gewerbeschule kostet meistens Geld, das wusste ich von Karin. Kein Wunder, dass die Schüler sich anstrengen, wenn die Eltern bezahlen müssen. Und vermutlich geht es an türkischen Schulen von Anfang an strikter zu als an deutschen. Aber ich weiß nicht, ob man ein Gymnasium in einer türkischen Großstadt mit einer Grundschule im Armenhaus von Neuenthal vergleichen kann.

»Wie ist dieser Lerneifer zu erklären?«, fragte ich Herrn Oruk.

»Interessiert Sie das wirklich?«

»Ja, klar. Es interessiert mich.«

Inzwischen waren wir am Willy-Brandt-Platz angelangt. Er sah auf seine Armbanduhr, sagte:

»Ich hab eine halbe Stunde Zeit, wollen wir da drüben einen Tee trinken?«

Wir setzten uns in die Spätsommersonne, und er begann zu erzählen:

»Die Türkei befindet sich in einer anderen Entwicklungsphase als Deutschland, in einer Aufbruchsstimmung. Die Schüler sind ehrgeizig, weil sie etwas erreichen wollen. Für junge Leute, die etwas können, gibt es in der Türkei Möglichkeiten, dieses Können einzusetzen. Das ist hier in Deutschland anders.«

»Weil sie ahnen oder an ihren Eltern sehen, dass sie hier keinen Job bekommen?«

»Zum Beispiel. Selbst mit guten Abschlüssen sind die Chancen auf einen Ausbildungs- und Arbeitsplatz hier nicht so groß wie in der Türkei.

Noch etwas: Die türkisch-islamische Kultur ist geprägt von Gemeinschaftssinn. In Deutschland wird auf Individualität Wert gelegt. Das ist zwar gut und schön, aber Individualisten stoßen an Grenzen. Natürlich hat sich auch die Türkei verändert, dennoch wirken die alten Regeln noch.«

»Und Schulen in der Türkei haben auch nicht diese ethnischen Probleme – zum Beispiel, dass in unseren Problemschulen Kinder aus etlichen unterschiedlichen Nationen in einer Klasse unterrichtet werden müssen«, warf ich ein.

Herr Oruk zog die Stirn in Falten und sagte etwas verrätselt:

»Es gibt in jeder Stadt, in jedem Land unterschiedliche Situationen und Aufgaben. Die Frage ist doch, ob diejenigen am richtigen Ort sind, die für die Bewältigung bestimmter Aufgaben bestellt sind.«

»Meinen Sie die Lehrer, die an diesen Schulen arbeiten?«

Er rührte in seinem Tee, sagte nach einer Pause:

»Ja. Sie passen nicht zur Sozialisation dieser Kinder. Sicherlich gibt es Ausnahmen, aber die meisten haben doch keinen Bezug zu den Kindern ausländischer Herkunft, auch nicht zu denen der sogenannten deutschen Unterschicht. Sie unterrichten in einem für sie fremden Land.«

»Frau Hübner beispielsweise hatte aber doch genügend Zeit, sich einen gesunden Bezug zu ihren Kindern zu schaffen – oder wie meinen Sie das?«

Er überging meine Frage.

»Die meisten Lehrerinnen und Lehrer gehören zur Mittelschicht, Eltern- und Schülerschaft in so klassischen Arbeitervierteln gehören nicht dazu ...«

Im Geiste sah ich Karins täglichen »Abstieg« von der Mittel- zur Unterschicht. Vom gediegenen Bezirk Weststadt durch das bunte, mittelständische Hammerfeld, vorbei an der Alten Oper und am Neuen Theater – bis dahin haben die Häuser mehr und mehr an Glanz verloren –, weiter durch die Innenstadt, dann, die Schachtanlage Ost links liegen lassend, nach Ostende: Vor verklinkerten Bergarbeiterhäuschen sitzen Kopftuchfrauen auf Steintreppen oder Plastikstühlen, vor den niedrigen Wohnblocks aus den Sechzigerjahren spielen nachmittags Jungen Fußball oder fahren Rad.

»Das muss nicht unbedingt ein Problem sein, wenn man sich dieser Unterschiedlichkeit bewusst ist und Strategien entwickelt. Identifiziert man sich allerdings nicht mit dieser Aufgabe, kann man nicht viel erreichen. Das hab ich bei meiner langjährigen Arbeit erkannt.«

»Und wie äußert sich dieses Nichtidentifizieren?«

Mir fiel es schwer, dieser These zu folgen.

»Indem sie sich laufend über ihre Situation beklagen. Das mag normal sein, aber es hat seine Ursache in ganz anderen Erwartungen an Schüler und Eltern.«

»Nun hat sich die gesellschaftliche Situation enorm verändert, die heute Vierzig-, Fünfzigjährigen haben unter total anderen Voraussetzungen diesen Beruf ergriffen.«

»Und warum sind sie Lehrer geworden? Lehrer, müssen sich mit ihrem Beruf identifizieren und mit den Kindern, die ihnen anvertraut sind, guten Unterricht machen«, sagte er etwas feierlich. »Aber wir wissen doch, dass das nicht immer der Fall ist.«

»Moment mal, die Pädagogen, die ich kenne, identifizieren sich durchaus mit ihrer Arbeit!«

Wieder ignorierte er meinen Einschub und sprach weiter:

»Viele sind jahrzehntelang gewohnt an Verhaltensweisen und Denkmuster, sie zu ändern kann nicht von oben herab geschehen. Sie müssen ihre Arbeit selbstkritisch sehen und nach neuen Wegen suchen.«

Darauf wollte ich mich nicht einlassen: »Es kommen vielleicht nicht genügend Pädagogen aus der Unterschicht.«

»Eben, aber ist das in Deutschland ein neues Problem?«

»Und der Anteil türkischer oder arabischer Kinder, die Pädagogik studieren, ist sicher auch extrem niedrig. Karin Hübner sagte mal, dass kein Kind aus ihrer Klasse es jemals auf die Uni schaffen würde«, sagte ich.

»Ich glaube, gelesen zu haben, dass der Anteil von Lehrern aus Ausländerfamilien bei ungefähr einem Prozent liegt. Wir müssen eben mit der jetzigen Situation fertig werden, deshalb müssen Pädagogen aus der Mittelschicht, wenn sie an eine solche Schule kommen, ein anderes Verhältnis zu ihren Schülern entwickeln.«

»Aber ich behaupte wirklich, dass Karin Hübner und viele ihrer Kollegen ein sehr gutes Verhältnis zu ihren Schülern hatten und haben! Natürlich hat auch sie sich über vieles beklagt, aber sie hat die Kinder doch trotzdem gemocht!« Ich lenkte ihn weg von diesem schwierigen Feld, fragte ihn, wie er die Rolle der Eltern sieht.

»Viele bleiben defensiv. Und die Lehrer haben sich daran gewöhnt, dass von türkischen Eltern nicht viel kommt. Sie haben sich damit abgefunden, dass sich deren Kinder gerade so über Wasser halten, weil sie zu Hause keine Hilfe bekommen. Kaum ein Vater fragt doch: Wie steht meine Tochter in Mathe? Oder: Mein Sohn kann weit mehr, wie können wir uns austauschen, damit er leisten kann, wozu er imstande ist? Sie kennen sich in unserem System nicht aus. Natürlich sind mangelnde Sprachkenntnisse ein großes Problem, aber bis man sich in einem Land heimisch fühlt, dauert es oft mehrere Generationen.«

»Und was müsste für Eltern getan werden, damit sie diese Hemmschwellen überwinden?«

»Kennen Sie das Rucksack-Projekt? Nein? Auch das haben wir mit Herrn Weller an der Platanen-Schule initiiert: Eine türkische Mutter lädt andere Mütter ein, und gemeinsam tauschen sie Erfahrungen aus und lernen, dieses Wissen an ihre Kinder weiterzugeben. Dabei handelt es sich um ganz simple Dinge, zum Beispiel die Uhrzeit analog und digital zu erkennen. Das können viele Kinder nicht. Oder sie treffen sich mit einem Lehrer, einer Lehrerin im Eltern-Café, das an zwei Tagen der Woche für alle geöffnet ist, um Alltagsprobleme zu besprechen.

Es gibt in den Schulen die Einstellung, man sollte Eltern nicht unterschiedlich behandeln. Das mag gut und schön sein – als Ziel, aber von diesem Ziel sind wir noch weit entfernt.«

Ich erinnerte mich dunkel, dass Karin mal von diesem Eltern-Café erzählt hatte.

Plötzlich stand Stefan vor unserem Tisch, auch er einer von Karins Kollegen, die damals mit in der Türkei gewesen waren.

»Iyi günler, Mehmet, hallo Eleonore – was macht ihr denn hier?«

Ich musste lachen, weil er die gleiche Begrüßungsformel anwandte wie ich vor einer Stunde. Aber sicher kann er mehr türkische Wörter als ich. Und dann setzte er sich zu uns, und die beiden erzählten noch eine Weile von ihrer gemeinsamen Zeit.

»Schade, dass Mehmet pensioniert ist, er hat eine Menge bewirkt«, sagte Stefan, nachdem sich Herr Oruk verabschiedet hatte.

5

Stefan hatte ich ebenfalls durch Karin kennengelernt. Ich mochte ihn auf Anhieb. Er ist etwa zehn Jahre jünger als Karin und ich, so um die vierzig, aber er gehört zu den wenigen Männern, die ich kenne, die gern und viel lesen und darüber gescheit reden können. Er ist kräftig gebaut, ohne ein Gramm Fett zu viel, trägt Jeans und Button-down-Hemden. Ein Lehrer, von dem Mädchen höherer Klassen vermutlich schwärmen.

»Willst du schon weiter, Stefan? Bleib doch auf einen Kaffee!«, bat ich. Nach dem Gespräch mit Herrn Oruk, das die Erinnerung an Karin wieder in mir aufgewühlt hatte, wollte ich nicht gleich an die Arbeit stürzen und Stefan schien ebenfalls froh zu sein über die Ablenkung.

»Geht's dir gut, Stefan? Du siehst etwas genervt aus?«

»Bin ich auch.«

»Warum? Los, erzähl.«

»Heute wird die Rektorin verabschiedet – sie war ja nicht lange bei uns –, jetzt wird sie Schulrätin. Du weißt ja, dass sie zwei Jahre lang außer unserer noch eine andere Schule geleitet hat. Der neue Rektor erscheint erst morgen – er wird dann übrigens drei Schulen leiten.«

»Werden Schulen jetzt wie eine McDonalds-Filiale geführt, so nach der Franchising-Methode?«, fragte ich. »Wie schafft man so was?«

»Keine Ahnung, wir werden sehen. Wir haben zwei neue junge Lehrer an der Schule, die fühlen sich jedenfalls ziemlich alleingelassen. Standen ohne Arbeitsmaterial da, da haben wir denen erst mal Etliches für ihre Klassen gekauft und aus eigener Tasche bezahlt. Doch von Unterstützung oder gar Anerkennung von oben natürlich keine Spur. Mal sehen, noch sind sie motiviert, man kann nur hoffen, dass das eine Weile anhält.«

»Ich hab ihnen jedenfalls einen Haufen Materialien zum Vervielfältigen gemailt und gegeben, was ich im Laufe der Jahre zusammengetragen hatte – Puzzles, Konzentrationsspiele, aber so kann's doch nicht sein! Wie das überhaupt mit dem Geld für Material läuft – ich blicke nicht mehr durch.

Als Weller noch Rektor war, haben wir es zwar nicht geschafft, uns nach außen hin entsprechend gut darzustellen, aber das Ergebnis war nicht schlechter als das, was jetzt rauskommt. Schließlich schreiben die Kinder auch heute nicht ordentlich von der Tafel ab, sie quatschen unaufhörlich, können nicht mal einfache Sätze bilden, keine Geschichte nacherzählen, sei sie noch so kurz. Ich habe heute einen Aufsatz schreiben lassen, Thema: Wochenenderlebnisse. Noch nie hatte ich Kinder, die so schlecht in Rechtschreibung waren. Es ist eine Katastrophe, und das bei einer dritten Klasse.«

»Hast du sie mit, die Aufsätze?«

Stefan angelte seinen Rucksack vom Stuhl neben sich, zog einen Stapel Papier raus und reichte mir ein Blatt.

»ich war Fußball spilen dan Bin ich und mein PaPa gestan nach Mcdonels gefan danach sind wir nach hause gefan und dan Bin ich raus dan hab ich Fahrrat gefan mit meine freunde.«

»Das ist das Werk einer Stunde. Die Mutter des Jungen spricht kein Deutsch, der Vater ist Lkw-Fahrer und selten zu Hause. Willst du mehr sehen?«

Ich wollte.

»Ich und meine Eltern und mein Oma haben Gestern girl gemacht. Es hat spaß gemacht meine Oma hat bei uns geschlafen und dann sind wir zu meine Oma gegangen.«

»Was könnte denn girl gemacht mit Oma sein?«, rätselte ich.

»Vermutlich wurde gegrillt. Ganz abgesehen von der grauenhaften Orthografie – es sind nur Aufzählungen! Nicht der Ansatz einer Geschichte!«

»Wie korrigierst du denn dieses verbale Gewölle?«

Er überging die Frage, reichte mir einen weiteren Zettel. »Hier, noch so ein Kunststück.«

»Ich war bei Drusburg da habich mit. Mei Freunde geschpilt und Ers gegesn da waren wier wald dawar. Auch spiel park dar war rische und noch fiele da war et was schöner. Da habich farad gfan und noch fieles gemacht.«

Ich starrte auf den Zettel und verstand Bahnhof. Was soll aus diesen Kindern werden?

»Maximal zwei, drei schaffen nach der vierten Klasse mehr als die Hauptschule. Einige fangen sich später. Deshalb ist es Quatsch, die Kinder so früh schon auszusortieren«, sagte Stefan, als hätte er meine Gedanken erraten. Und dann erzählte er von einer ehemaligen Schülerin, die er neulich getroffen habe. »17 ist sie jetzt. Sie wusste, was aus einigen Mitschülern geworden war: Einer sitzt im Knast, ein anderer hat was mit Drogen zu tun; die Mutter eines Dritten hat sich aufgehängt. Ziemlich trostlos, so eine Entwicklung. Hier, noch ein Bonbon zum Schluss«, sagte er nach einer Pause und gab mir ein weiteres Werk.

»Ich hab PS 2 ge spilt Unt legoe ge baut. Meine grose swestern hab ge burtzdak. Mein Unkel war bei unz unt Fata unt Funden.«

»Was, bitte, ist PS 2?«

»Playstation 2, so was kennen sie. Was Funden sein könnten, entzieht sich allerdings meiner Fantasie. Dieser Junge, Attila, hat Sprachprobleme, kann kein sch sprechen. Ich habe schon im vergangenen Jahr der Mutter empfohlen, ihn zu einer Sprachtherapie zu schicken, es ist nichts geschehen. Ein Knabe kam heute wieder eine Stunde zu spät, hatte diverse Sachen nicht dabei und wie so oft dafür eine Erklärung, aber die Haare sind stets fein gegelt. Wenn der keine Lust mehr hat, mitzumachen, will er zur Toilette, mindestens einmal in der Stunde. Jetzt lasse ich ihn einfach nicht mehr gehen. Ich weiß nicht, was mit ihm ist. Die Mutter macht einen sehr offenen Eindruck und scheint sich kümmern zu wollen, nur hält das leider nie lange an.«

Er nahm einen Schluck Kaffee und guckte ziellos auf den belebten Platz vor uns.

»Die meisten dieser Kinder sind zwar unglaublich lieb, wenn man sie richtig anpackt, haben aber keine Ahnung von nichts. Sie bekommen auch im Elternhaus zu wenige Anregungen. Und ohne die deutsche Sprache kommen sie ja nicht weit, ganz egal, wie intelligent sie sonst sind.«

Stefan hat sich in Fahrt geredet.

»Also drücken sie uns weiterhin in manischem Eifer immer neue sinnlose Bildungsprogramme aufs Auge, statt dieses idiotische System endlich von Grund auf umzukrempeln oder uns wenigstens mehr neue Lehrer zu schicken und mehr Geld für Lehrmaterial.«

Und dann erzählte er von Sommer-Stumpenhorst. Nach dessen »Rechtschreibwerkstatt« verlaufe das Schreibenlernen ähnlich wie das Sprechen, sofern Kinder von Beginn an alles schreiben dürfen. Mithilfe einer Anlaut- oder Buchstabentabelle sollen sie schreiben, wie sie es hören, sie dürfen also Fehler machen, das Gehörte experimentierend lautmalerisch »verschriften«. So jedenfalls habe ich Stefans Erklärung verstanden, wobei sich mir bei dem Wort verschriften bereits die Nackenhaare sträubten.

»Halt mal«, warf ich ein, »nach Herrn Sommer-Stumpenhorst ist es also völlig in Ordnung, wie deine Kinder schreiben?«

Er grinste: »Ich sollte dem Herrn mal einen dieser Aufsätze

zeigen, was? Aber Spaß beiseite, die Methode mag bei Kindern funktionieren, die zu Hause vorgelesen bekommen, mit denen viel geredet wird, also die schon gut mit Sprache umgehen können. Einige Kolleginnen an unserer Schule haben damit auch offenbar Erfolg. Wenn ich eine neue erste Klasse bekomme, werde ich das auch versuchen. Nicht, dass ich mich jetzt vor der Arbeit drücke – und Arbeit macht es, sich da reinzufinden, ich hab dafür auch eine Fortbildung gemacht –, aber ich halte das für Schwachsinn bei meinen Kindern, die keine Regeln kennen. Auch wenn es nur um Sprache geht, ich finde es wichtiger, ihnen Regeln an die Hand zu geben, anstatt sie weiterwurschteln zu lassen.«

»Kennst du diese Studie der Uni Cambridge, nach der es für das Verständnis nicht wichtig ist, in welcher Reihenfolge die Buchstaben in Wörtern stehen?«, fragte ich Stefan.

»Ja, ich hab eine Probe als Postkarte, das ist lustig, ich schick sie dir mal!«

»Das funktioniert nach meinem Verständnis nur, wenn man weiß, wie die Wörter geschrieben werden müssen – Attila wird doch nie hinter das Geheimnis von Olcays Geschreibsel kommen, wenn beide schreiben, wie sie denken!«

Auch Stefan hatte vor einigen Jahren eine erste Klasse, in der Deutsch sprechende Kinder die Ausnahme waren, eine Erfahrung, die wohl viele Grundschullehrer heutzutage machen müssen. Wie unterrichtet man diese Kinder?

»Mit Bild-Wort-Zusammenstellungen – und das bis zum Umfallen wiederholen. Ich habe Gegenstände gemalt, ausgeschnitten, laminiert, die deutschen Begriffe dazugeschrieben, das Ganze unterteilt in Themengebiete: Wohnung, Schule, Essen usw. So versucht man, den Wortschatz zu erweitern, und wenn die Wörter da sind, kann man mit einfachen kleinen Sätzchen weitermachen: Das ist ein Haus. Das ist ein Tisch. Das ist ein Teller. Karin ging es mit einer Klasse ähnlich. Sie schleppte fast täglich einen Wäschekorb voller Büro- und Haushaltskrempel in die Schule, um den Kindern die Begriffe beizubringen. Der hat das großen Spaß gemacht, sie war ja so 'ne Praktische.«

»Die Geduld hätte ich nicht«, sagte ich.

Er lachte: »Ohne Geduld kann man es gleich sein lassen. Es gibt ja auch Erfolgserlebnisse – wenn zum Beispiel ein Kind am Schulanfang in einer Art Sprechblasen redet und am Ende des Schuljahres in vollständigen Sätzen, mit Subjekt, Prädikat, Objekt. Und es gibt lustige Situationen: Einmal bin ich mit ihnen in den Zoo gefahren. Stell dir vor, ein Mädchen hatte panische Angst vor den Ziegen im Streichelzoo. Als ein paar Gänse aufflogen, sind einige schreiend weggelaufen, andere fürchteten sich vor den friedlich vor sich hinstaksenden Flamingos. Von Gehege zu Gehege benahmen sich die Kids normaler, am Ende konnten sie sich relativ entspannt die Tiere angucken. Lebende Tiere kommen in ihrem Alltag eben nicht vor, höchstens im Fernsehen.«

Er blinzelte einen Moment in die Sonne, sagte dann: »Aber unter uns gesagt: Ich hab die Schnauze voll. Lange kann ich mir das nicht mehr antun.«

»Hast du eine Idee?«

Jetzt flackerten seine Augen. »Ja, hab ich.«

»Und?«

»Vor ein paar Monaten habe ich eine tolle Frau kennengelernt, die ›Frau fürs Leben‹, wie man so schön sagt. Eine Polin, die in Brüssel bei der EU dolmetscht. Jetzt hab ich mich dort an einer Europäischen Schule beworben. Das ist zwar ein irrsinniger bürokratischer Aufwand, aber es könnte sein, dass man mich dort nimmt.«

Als wir uns trennten, sah ich ihm kurz nach. Schade für die Platanen-Grundschule, dachte ich ihm hinterher, die Kinder dort brauchen doch auch männliche Vorbilder.

6

WIE JEMAND DREI SCHULEN leiten kann, darunter eine mit derartig problematischen Kindern, das ging mir nicht aus dem Kopf.

Wie schafft man das? Der Tag hat doch nur 24 Stunden? Sagt dieses »Modell« vielleicht etwas aus über diesen Job, den keiner haben will: wahnsinnig viel Arbeit, das meiste Bürokram, der so überflüssig ist wie ein Loch im Kopf, hohe Verantwortung, ein Haufen Ärger und eine Bezahlung, die in keinem Verhältnis steht zum Aufwand? Oder ist ein Schulleiterposten heute nur noch Startrampe für einen Weg nach oben?

Am Abend rief ich meine Cousine Andrea an, die in Hamburg erfolgreich eine Ganztagsschule leitet. Immer, wenn wir zusammentreffen, ist ihre Schule ein Thema, und niemals habe ich sie jammern hören. Ist das nur eine Frage des Naturells, wie man eine Schule organisiert?

Schon in früheren Gesprächen hatte sie mir von erfolgreichen Veränderungen erzählt, vom Engagement ihrer Kolleginnen und dem Mut, sich auch einmal gegen die Schulverwaltung durchzusetzen. Von einer, wie sie es nannte, »vorbereiteten Umgebung« für die Kinder, jahrgangsübergreifendem Lernen, von den vielen Projekten, auch zusammen mit außerschulischen Experten. Und dass bei ihr kein Kind sitzen bleibt. Das sei ein Versprechen an die Eltern und Schüler, das eingehalten werde. »Viele Kolleginnen und Kollegen reden davon, was sie alles machen müssen, dabei wirken sie gehetzt und leicht verkniffen. Warum haben sie diesen Beruf gewählt, wenn er ihnen so wenig Freude zu bereiten scheint?«, sagte sie mal.

Offenbar stimme etwas nicht mit der Lehrerausbildung, die fast überhaupt nicht auf die Schulwirklichkeit, aber auch nicht auf die Persönlichkeit der zukünftigen Lehrerinnen und Lehrer einginge.

»Wie begegne ich als Frau halbstarken Türken? Wie verschaffe ich mir die nötige Autorität ohne übertriebene Strenge und ohne »Laisser-faire«. Wie gewinne ich das Vertrauen meiner Schüler und wie arbeitet man erfolgreich in einem Kollegium zusammen? So etwas wird wohl nicht gelehrt.«

Auch sie ist seit dreißig Jahren im Beruf und ereifert sich noch über Unzulänglichkeiten, entwickelt aber nahezu missionarischen Eifer, wenn es darum geht, Lehrerausbildern, Studenten und Referendaren nahezubringen, dass Kinder nur dann möglichst lange Freude und Neugier am Lernen behalten, wenn sie bei den Erwachsenen Enthusiasmus spüren und diese sich auch mal trauen, andere, neue Wege zu gehen, selbst wenn sie in keinem Lehrplan vorkommen. Und nicht nur jammern, dass kein Geld da ist.

Ich überfiel sie am Telefon mit der Frage:

»Kannst du dir vorstellen, drei Schulen zu leiten?«

»Nein, dann müsste ich nur noch Aufgaben delegieren und die Ergebnisse absegnen, ohne Bescheid zu wissen. Wenn ich meine Ideen nicht mehr umsetzen könnte – und das wäre unter solchen Umständen unmöglich –, dann könnte ich es lassen. Drei Schulen leitet dieser Kollege, sagst du? Das funktioniert doch nur auf Verwaltungsebene und hat mit Pädagogik nichts zu tun.«

Sie machte eine kurze Denkpause und fuhr dann fort.

»Und wie soll eine solche nur scheinbar pädagogische Leitung von den Schülern und Eltern denn anerkannt werden, wenn sie die Person gar nicht kennen? Dann fehlt die Instanz, an die sie sich bei Problemen wenden können. Oder sind dafür allein die Lehrkräfte zuständig? Kann ja sein. Aber nach meinem Verständnis muss die Schulleitung präsent sein. Natürlich sollte sie weniger unterrichten, aber nicht ganz darauf verzichten. Unterrichtet denn der Kollege an den Schulen?«

»Keine Ahnung«, sagte ich.

»Kann ich mir nicht vorstellen, das schafft doch keiner. Zu seinen Aufgaben gehört ja auch, die Arbeit seiner Kolleginnen und Kollegen zu beurteilen, aber wie bewerkstelligt er das, wenn er gleich an drei Häusern präsent sein soll? Unmöglich, der Verantwortung gerecht zu werden! Er ist auf Berichte aus dritter Hand angewiesen. Darauf würde ich mich nicht verlassen. Und wie erfährt er von den Problemen des Kollegiums? Wie berät und bespricht er anstehende Veränderungen? Nur in größerem Rahmen? In einer Schulkonferenz?«

Als von mir keine Antwort kam, redete sie weiter:

»Schule muss für Lehrer, Kinder, Eltern und auch für die Schulleitung überschaubar bleiben, um Rituale einzuhalten und Kontakte zu pflegen. Ein so großer Schulverband führt mit der Zeit zu Anonymisierung, sogar zu Verwahrlosung, und damit kann man nicht mehr von einer guten Schule reden, in der gelehrt, gelernt, debattiert und vor allem, in der auch gelebt wird. Gern gelebt.«

7

Im August 2004 übernahm Karin eine neue erste Klasse, die sie nun wieder vier Jahre begleiten würde. Dachte sie. Mit Elan ging sie an die Arbeit mit dem immer gleichen Refrain:

Guten Morgen, Kinder! Günaydin, çocuklarem! Wir singen ein Lied was habt ihr am Wochenende erlebt bitte setz dich hin du sollst dich auf deinen Platz setzen wir lernen heute Namen auf dem Foto sind Fine und Berti ja sehr schön bitte holt eure Arbeitsblätter raus du sollst auf deinem Platz bleiben nein jetzt gehst du nicht auf die Toilette aber das haben wir doch gestern erst durchgenommen was ist das für ein Buchstabe wer weiß es noch ja wunderbar hör auf damit ich hab dir schon hundertmal gesagt du sollst andere Kinder nicht schubsen bleib sitzen bitte schreibt das von der Tafel ab das hast du sehr schön gemacht Fine malt ein Auto Fine und Berti spielen Boot das Boot ist rot hast du wieder keinen Stift kann dir deine Nachbarin einen borgen das ist nett von dir morgen bringst du bitte eigene Stifte mit setz dich wieder hin versuch es noch mal ganz langsam siehst du es geht doch wer möchte den nächsten Satz lesen …

Karin bat mich zu Beginn des Schuljahres, ein Klassenfoto zu machen. Am verabredeten Morgen hatte sie die Klasse schon auf dem Hof aufgestellt. Es ist ein schöner Hof, trotz der großen, alten Platanen licht und nicht eingeklemmt, umgeben von dem zweistöckigen, L-förmigen Haupthaus und der Turnhalle. Neben dem von der Straße zugänglichen Haupteingang ist auch das Eltern-Café untergebracht.

»Nur 19 Kinder«, flüsterte ich Karin zu, »das ist ideal!«

»Es fehlen fünf Sintikinder, die kommen im November. Zehn der i-Dötzchen haben türkische und zwei libanesische Wurzeln, mal sehen, wie das wird«, flüsterte sie zurück.

An jenem Tag ließen sie sich ohne Probleme auf dem Hof sortieren: Vor einer Platane hocken in der ersten Reihe zwei Knaben, in der zweiten Reihe stehen fünf Mädchen und drei Jungen, in der dritten Reihe neun Jungen. Links außen Karin. Sie war damals 49 Jahre alt, sah jünger und gut aus: blonde, schulterlange Haare, schwarze Hose, weißes T-Shirt, beigefarbene Jacke, den Kragen hochgestellt; die rechte Seite flankiert ihr türkischer Kollege. Bis auf ein Mädchen, das etwas skeptisch in die Kamera guckt, lachen alle. Wie Kinder auf der ganzen Welt freuen sie sich auf die Schule. Wissen noch nichts von Freuden und Mühsal des Lernens, von den Diskriminierungen und Enttäuschungen. Es sind offene, arglose Kindergesichter, die ihrer neuen Lehrerin Vertrauen entgegenbringen und sich auf das Neue freuen. Ich sehe noch vor mir, wie ein kleiner Junge sich an Karins Hüfte schmiegte und sie ihn kurz umarmte, als ließe sie ihn wissen: Wir gehören zusammen, gemeinsam schaffen wir das, alles wird gut.

So elegant und dezent Karin im Privatleben war, mit den Kindern ging sie burschikos um: zugewandt, wenn sie spurten, klar und konsequent, wenn sie aus dem Ruder zu laufen drohten. Damals jedenfalls hörten sie ihr zu. Aber schon nach kurzer Zeit stand fest: Diese letzte Klasse, die Karin unterrichtete, war die schwierigste.

Nikola, die Sport gab, schilderte einmal total entnervt eine Stunde:

»Die Kinder waren nicht in der Lage, ihr Sportzeug zu tragen, die fünfzig Meter bis zur Turnhalle in einer Reihe zu laufen. Sie haben sich auf dem Weg geprügelt, wir mussten alle paar Schritte anhalten, sie wieder zurechtrücken. Das Umziehen war eine Katastrophe, in der Halle sind sie über Tische und

Bänke gegangen, sie konnten nicht im Kreis sitzen und warten, bis das Spiel begann; wurden Bälle verteilt, prügelten sie sich, bekam einer nicht den pinkfarbenen, sondern den roten Ball, setzte er sich bockig auf den Boden, die Arme verschränkt; als die Pausenglocke läutete, sind sie rausgerannt aus der Turnhalle, als sei es eine Herde wild gewordener Pferde. Es waren nicht mal zwanzig in dieser Stunde, und wir waren zu dritt: die Erzieherin aus der Vorschule, die kurz vor der Pensionierung stand, die Mutter eines Schülers, die ihn oft begleitete, weil er sonst nicht zu halten war, und ich mit immerhin acht Jahren Erfahrung an dieser Schule – diese Kinder waren an dem Tag nicht zu bändigen – nicht mit Reden, nicht mit Strafen, nicht mit Ruhe, ich wusste nicht mehr weiter, ich hab gedacht, ich hab den Beruf verfehlt!«

Als ich das Foto im Kasten hatte, wollte Karin mich auf einen Kaffee ins Lehrerzimmer einladen. Ich ging zwar mit bis zur Tür, aber beim Blick in dieses Lehrerzimmer fiel mir plötzlich ein wichtiger Termin ein. Nein, da wollte ich mich nicht auch noch dazwischenquetschen: ein langer Tisch, an zwei Wänden vollgestopfte Regale, in der Ecke neben dem Fenster ein Computertisch, alle Stühle besetzt, jeder hatte gerade mal so viel Platz wie eine Henne in der Legebatterie; das permanente Gemurmel wurde überlagert vom Kindergekreische draußen, mindestens achtzig bis hundert Dezibel. Ein Duftgemisch aus Parfüm, Butterbroten und Apfelsinen wehte mir entgegen. Dort verbringen die Lehrer ihre Pausen? Bereiten sich auf die nächste Stunde vor? Finden Konferenzen statt? Jetzt verstand ich, warum Lehrer immer mit prall gefüllten Taschen unterwegs sind. Sie müssen ihren Kram hin- und herschleppen, wenn es in allen Lehrerzimmern so aussieht.

»Und nun müssen wir noch mehr Zeit in der Schule verbringen, weil wir seit einem Jahr offene Ganztagsschule sind.«

Karin hatte meinem Blick entnommen, was ich dachte.

»Damit sollten alle Probleme gelöst werden, hatte uns der Schulrat versichert, denken Sie sich mal ein Nachmittags-Förderprogramm aus! Ha, ha. Wir haben zwar geschimpft und gemosert, es aber schließlich zähneknirschend hingenommen. Und wir waren eine der ersten von elf Schulen in Neuenthal, die sich dafür gemeldet hatten, weil wir ja für das Programm prädestiniert sind mit unserer problematischen Klientel«, schob sie nach, mehr ironisch als stolz. »Es wäre eine wunderbare Sache für die Kinder, wäre die Ganztagsschule für alle verbindlich und hätten wir mehr Personal bzw. einen genauen Plan, was wir mit den Kindern machen.«

»Was bedeutet eigentlich offene Ganztagsschule?«, wollte ich wissen.

»Das heißt, es steht den Eltern frei, ihre Kinder von 7 bis 17 Uhr in die Schule zu schicken. Sie können ein warmes Mittagessen bekommen, an Arbeitsgemeinschaften teilnehmen, ihre Hausaufgaben unter Aufsicht erledigen. Das ist natürlich gut für die Einwandererkinder, hier lernen sie schneller Deutsch als zu Hause vor dem Fernseher, der nur in ihrer Muttersprache dröhnt. Aber es war schwierig, die Eltern davon zu überzeugen. Viele sahen nicht ein, warum ihr Kind noch länger in der Schule sein soll als unbedingt nötig. Andere wiederum sind froh, wenn ihnen die Kinder nicht vor den Füßen rumlaufen und sie ihre Ruhe haben. Etliche Mütter sind ja nicht mal imstande, Essen zu kochen. Aber von den 350 Kindern unserer Schule nutzen eben nur hundert das Angebot.«

»Wer bezahlt das Mittagessen?«

»Die Eltern. Zwei Euro pro Tag. Du glaubst nicht, was das für eine Rennerei ist, das Geld einzusammeln! Einige sind Monate im Rückstand. Das Essen liefert eine Catering-Firma, die Schule bekam eine Küche, um es warm zu halten. Die Frau des Hausmeisters ist Küchenfee und Putzfrau zugleich.«

»Und ihr müsst die Kinder auch am Nachmittag unterrichten?«, fragte ich.

»Nein, nur wer eine Arbeitsgemeinschaft leitet oder wenn jemand ausfällt. Ich mach die Theater-AG. Übrigens danke, dass du gekommen bist und fotografiert hast!«, sagte Karin. »Aber jetzt muss ich in die Klasse.«

»Gerne, hat Spaß gemacht. Hast du heute Nachmittag was vor?«

»Unterricht vorbereiten und dann Tennis spielen mit Sabine.«

Ich begleitete sie noch bis zum Klassenraum. Ihr türkischer Kollege hatte die Kinderschar inzwischen hineinbugsiert und sie angewiesen, sich auf ihre Plätze an den Sechsertischen zu setzen.

Karin schloss die Tür. Ich hörte sie in die Hände klatschen, dann wurde es erstaunlich schnell ruhig.

8

In den Herbstferien lud Karin in ihre neue Wohnung ein. Ich war zwei Tage mit der Redakteurin einer Frauenzeitschrift in München gewesen, um eine Frau mit einer seltenen Blutkrankheit zu fotografieren, und kam ziemlich spät bei Karin an. Es war kein Problem, einen Parkplatz zu finden. Wer dort wohnt, muss sein Auto nachts nicht auf der Straße parken.

Etwa zehn Leute saßen in den braunen Ledermöbeln und rund um den großen Esstisch, zwei standen auf dem Balkon und rauchten. Es waren Lehrerinnen und Lehrer, teils mit Anhang, zwei befreundete Ärztinnen. Karins Bruder Michael, dessen Frau Christine, deren Sohn und Tochter aus dem Münsterland waren gerade dabei, sich zu verabschieden. Der Bruder ist ein großer Kerl, dessen ironischer Humor mir auf Anhieb gefiel. Er ist Ingenieur, spezialisiert auf Brückenbau, und kann mit Pädagogen nicht viel anfangen. Die Geschwister gingen freundlich, aber nicht besonders herzlich miteinander um. Zu Christine hingegen hatte Karin ein engeres Verhältnis. Besonders an ihrem Neffen hing sie. Wenn sie ihre Eltern besuchte, unternahm sie auch fast immer etwas mit ihm.

Die beiden Ärztinnen verabschiedeten sich ebenfalls bald, sodass, abgesehen von mir, die Lehrer schon bald wieder unter sich waren.

Und Thomas war da, ein Anwalt, mit seiner neuen Freundin. Es muss Karin einen Stich versetzt haben, die beiden verliebt miteinander zu sehen, aber sie trug es mit Fassung. Ich erinnere mich, dass sie mir erzählt hatte, er könne ihr keine Liebe, wohl aber Freundschaft bieten. Das war im Juli, als Thomas und Karin seinen Sohn und dessen Freundin zu einem Lenny-Kravitz-Konzert chauffiert hatten. Sie hatten die beiden vor der Köln-Arena abgesetzt und sich durch den Trubel des Kölner Lichterfestes beiderseits des Rheins treiben lassen. Und bei dem einen oder anderen Kölsch hatte er ihr erzählt, dass er eine Frau kennengelernt und sich in sie verliebt habe, dass er sie – Karin – jedoch sehr schätze und als Freundin nicht verlieren möchte.

»Geh in die Küche, da steht genug Essen, ich komme gleich«, sagte Karin. In großer Runde lebte sie auf, endlich lohnte es sich für sie, zu kochen: Gulaschsuppe, Nudelauflauf, Kartoffelsalat, kalter Braten, Bauernbrot, diverse Salate, dieses Buffet hätte vermutlich für die Nachbarschaft gereicht.

Ich setzte mich mit meinem Teller auf einen Stuhl. Nach der Arbeit der vergangenen Tage war ich froh, den Gesprächen lauschen zu können, ohne etwas sagen zu müssen.

Rechts von mir ging es um fehlende Psychologen und Sozialarbeiter und Kinder als Experimentiermasse, um Unterrichtsreihen und Vergleichsarbeiten: »Jetzt machen wir es auch so: Ist abzusehen, dass man unter dem Durchschnitt liegt, wird den Kindern eben vorgesagt. Keiner hat mehr Lust, sich wegen miserabler Leistungen runterputzen zu lassen«, ereiferte sich Karin gerade.

Und links von mir empörte sich Anna erst über eingeforderte Förderpläne für jedes einzelne Kind, dann über sogenannte Stationenarbeit:

»Das setzt bei den Kindern die Fähigkeit voraus, sich einschätzen zu können, sich eine Aufgabe auszusuchen! Die Kinder, die sich nicht konzentrieren können, rennen los und holen sich eine Aufgabe, beschäftigen sich zwei Minuten damit, rennen zurück, holen sich was anderes – das ist doch eine Art Bedürfnis-Hopping. Und sobald man sich einem Kind zuwendet, schreien die anderen oder unterhalten sich. Für solche Späße sind die Klassen einfach zu voll. Allein die Vorbereitungen für diese Stationen …«

Sandra, deren Mentorin vor nicht allzu langer Zeit Karin gewesen war, gestand: »Stationenarbeit mache ich nur mal zwischendurch, als durchgängiges Prinzip schafft man das nicht, das wäre auch nicht gut für die Kinder, da hast du recht, Anna.« Und zu mir gewandt: »Stationenarbeit wird jetzt im Studienseminar gelehrt: Man verteilt verschiedene Arbeitsaufträge auf Tische und Fensterbänke – zehn oder fünfzehn –, die Kinder bekommen einen Stationenpass, können sich selbst Stempelchen geben, wenn sie was erledigt haben. Sie arbeiten in mehreren Unterrichtsstunden daran.«

Stefan, der meinen ratlosen Blick sah, erklärte: »Da wird zum Beispiel das Thema Wörterbuch behandelt. Stationen sind dann Übungen, wie man mit dem Buch umgeht – ein Wort suchen, aufschreiben, auf welcher Seite das Wort steht, welche Wörter stehen davor und danach, dann gibt es Rätsel, Rechtschreibübungen. Ich hab das noch nicht oft gemacht, weil das wahnsinnig aufwendig ist, man muss alles kopieren, laminieren, organisieren, das ist nicht unbedingt mein Ding. An den Stationen arbeitet man zwei oder drei Wochen.«

»Ja, diese Vorbereitungen …« Anna rollte mit den Augen. »Neulich hatte ich einen Albtraum: Ich stehe bis zum Hals in einem riesigen Papierberg, meine Kinder versinken in einem anderen Berg, von einigen sieht man nur noch eine Hand. Und eines ruft verzweifelt: Du wolltest uns doch helfen! – Ist eine Papierallergie eigentlich schon eine anerkannte Berufskrankheit?«

Einige lachten.

»Habt ihr schon gehört, dass Kurt krank ist?«, fragte plötzlich Norbert in die Runde. Es wurde still. Norbert, ein paar Jahre älter als Karin, hatte ich damals in der Türkei als einen amüsanten Gesprächspartner kennengelernt. Jetzt lachte er nicht.

»Grippe?«, fragte Karin.

»Nein, nicht so was. Er hatte ein Gespräch beim Schulrat.«
»Beim Jahnke? Scheiße«, sagte jemand in die Stille.

»Weißt du mehr?«, fragte ein anderer.

Norbert zögerte mit der Antwort.

»Es muss ziemlich heftig gewesen sein, nach dem, was mir Kurts Frau am Telefon erzählte. Zunächst ging es um Amadou, den wir in die sonderpädagogische Fördergruppe geben wollten, und um Gory, den 13-jährigen Sintijungen aus der dritten Klasse, dessen Eltern sich dagegen verwahrt haben, dass er in eine Förderschule geht. Jahnke hat Kurt offensichtlich unpädagogisches Verhalten vorgeworfen; trotz der zahlreichen Fördermaßnahmen, die uns zur Verfügung stehen, würde er diese Kinder nur schnell loswerden wollen. Und Kurt habe einmal mehr darauf hingewiesen, dass wir in direkter Konkurrenz zur katholischen Grundschule ein paar Hundert Meter weiter stünden, die uns die Kinder aus bildungsbewussteren Elternhäusern wegschnappt.«

»Soll doch Jahnke diese hoffnungslosen Knaben unterrichten«, tönte es vom Esstisch.

»Jahnke hat Kurt beschuldigt, er würde die Situation an unserer Schule immer nur negativ darstellen.«

»Er hat doch nur die Realität geschildert, sollen wir die denn schönreden?«, fragte Karin.

»Weißt du noch, wie wir manchmal ins Klassenbuch gelogen haben, Anna?«, meldete sich Karin. »Wir haben nicht den Dativ geübt, sondern uns mit der Klasse in einen Kreis gesetzt und gefragt, was sie in letzter Zeit am meisten beeindruckt habe.«

»Und weißt du noch, wie Aylin erzählte, dass die Wand im Treppenhaus ihres Hauses blutverschmiert war und ein Krankenwagen vor der Tür stand? Und alle rätselten, was da wohl passiert sein mochte?«, fragte Anna.

»Ja, und dann erzählte ein Kind vom Tod der Katze, ein anderes vom Tod der Oma. Viele nicht verarbeitete Geschichten kamen hoch und wollten besprochen werden. Damit könnte man Wochen verbringen, aber das geht natürlich nicht, obwohl es wichtig wäre.«

»Was habt ihr denn Aylin erklärt?«, wollte Claudia wissen.

»Erklären kann man das nicht nennen. Wir haben gefragt, welche Ängste sie habe und dass sie mit Mama und Papa noch mal darüber sprechen solle.«

»Das hab ich von dir gelernt, Karin«, sagte Sandra, »manchmal eine Stunde sausen lassen und die Schüler erzählen lassen – mit diesen Kindern spricht ja in der Regel keiner, schon gar nicht über Tod, Weltraum, Krieg. Viele von ihnen kamen aus Krisengebieten, haben den Krieg gesehen. In solchen Stunden waren die Kinder aufmerksam, obwohl sie sonst über Tische und Bänke gingen.«

»Und wie ging das Gespräch zwischen Jahnke und Kurt weiter?«, fragte Nikola.

»Nun, Kurt habe es in den sechs Jahren als Rektor nicht geschafft, eine Grenze zwischen Schulleitung und Kollegium zu ziehen. Stimmt, Kurt hat nie den Chef raushängen lassen, aber wenn es erforderlich war, konnte er auch konsequent sein und ist damit immer gut gefahren. Jahnke aber hatte den Eindruck, wir würden Kurt ausnutzen.«

»Soll einer sich von seinen langjährigen Kollegen plötzlich siezen lassen, wenn er Rektor geworden ist, damit eine Grenze erkennbar ist? Also mir käme das komisch vor. Und die neuen Hüpfer siezen ihn ja schließlich«, sagte Nikola.

»Ausnutzen ist eine Frechheit«, sagte Sandra. »Nur weil wir uns alle verstehen, redet der von Ausnutzen?«

»Jahnke äußerte jedenfalls den Verdacht, Kurt würde es nicht gelingen, uns zu motivieren und positiv zu beeinflussen, er sei nicht mal in der Lage, uns zu Konferenzen zu bestellen.«

»Das ist ja der Oberhammer«, ereiferte sich Karin. »Wer saß

denn in den Konferenzen, wenn nicht wir? Und woher will der das überhaupt wissen?«

»Vielleicht hat Kurt zu viel alleine gemacht, weil er gesehen hat, dass wir oft auf dem Zahnfleisch gehen?«, mutmaßte Nikola.

»Gott, bin ich froh, nicht mehr an dieser Schule und in Jahnkes Reichweite arbeiten zu müssen! Solche Probleme gibt es bei uns nicht«, sagte Claudia, die im Sommer an eine andere Schule gewechselt war.

Und Nikola fragte: »Wie hat denn Kurt reagiert in dem Gespräch?«

»Wie ich seine Frau verstanden habe, hat es ihm erst mal die Sprache verschlagen. Worauf der Schulrat noch eins draufgesetzt habe: Rauswerfen könne er ihn leider nicht. Aber wenn er, Herr Weller, gedenke, weiterhin an der Schulleiterstelle festzuhalten, müsse er damit rechnen, dass der Druck vonseiten der Schulbehörde erheblich erhöht würde.«

»Das nennt man Mobbing«, tönte es mehrstimmig.

»Und jetzt?«

»Jetzt ist er krankgeschrieben. Seine Frau will ihn zu einem Psychologen schicken, ihn vielleicht zu einer Therapie überreden, damit man ihn wieder aufbaut. Er hat sich eingeigelt, will niemanden sehen. Übrigens ließ sie durchblicken, dass Jahnke Kurt schon in früheren Schulleitersitzungen attackiert habe.«

Eine Weile war es still im Raum.

»Wie lange wollen wir das eigentlich hinnehmen? Ständig neue Anweisungen, Reförmchen, Projekte, PISA, VERA, offene Ganztagsschule, FuN, sonderpädagogische Fördergruppe, Diagnosebögen, Förderpläne, Listen, Pläne, Aufstellungen und niemals ein Wort der Anerkennung. Hat der Kerl noch nie was von wertschätzender Kommunikation gehört?«, erregte sich Karin.

PISA und VERA waren mir mittlerweile geläufige Begriffe. »Was ist denn FuN?«, wollte ich wissen.

»Eine niedrigschwellige Maßnahme, um Problemfamilien einfache Dinge zu lehren – Erziehung, Schule, Umgang miteinander. Wir motivieren Eltern und Kinder, spielerisch etwas miteinander zu machen – eine Mahlzeit gemeinsam vorzubereiten und einzunehmen zum Beispiel. Ich hab das mit einem türkischen Kollegen und einer Kollegin von der AWO organisiert«, erklärte Norbert.

»Ich dachte, ihr seid Lehrer?« Zugegeben, meine Einlassung war unpassend, weil naiv.

»Ha, ha«, tönte Stefans Bariton vom Esstisch. »Lehrer sind heute Erzieher, Trainer, Sozialarbeiter, Psychologen, Ernährungsberater, Logopäden.«

»Und die Fußabtreter der Nation.« Das war Greta. »Ich bin übrigens für ein Rotationsprinzip: Wenn man zu lange an einer Schule ist, hat man Angst, sich versetzen zu lassen, man ist eingefahren – das ist ungesund. Wenn Pädagogen aus den total schwachen sozialen Gebieten an eine Schule in eine etwas bessere Gegend gingen und umgekehrt, könnten alle profitieren, Lehrer und Schüler. Und es wäre gerechter.«

Sabine lenkte die Debatte wieder auf den Hauptgegenstand:

»Wenn Kurt länger krank ist, stehen wir ohne Schulleitung da. Oder will jemand von euch schon mal Konrektor werden?«

»Die Stelle ist immer noch nicht besetzt? Habt ihr euch erfolgreich drücken können?«, fragte Claudia.

»Den Stress für ein paar Euro mehr? Nee danke«, sagten Karin und Anna fast gleichzeitig.

»Warten wir doch erst mal ab«, beruhigte Norbert, obwohl ihm anzumerken war, wie sehr ihn Kurts Zustand erschreckt hatte.

»Vielleicht muss man Jahnke und Co. mit einer gewaltigen Bugwelle entgegenkommen, Wind machen, wenn ihr versteht, was ich meine«, griff Claudia noch mal das Thema auf. »Meine

Schulleiterin an der neuen Schule erzählte neulich von einer Düsseldorfer Grundschule, die supertoll dasteht – aufgrund eines Eingabefehlers. Sie hatte irgendwelche Vergleichstests durchführen lassen, war danach erkrankt und hatte die Sekretärin gebeten, die Daten einzugeben. Und die hatte sich vertan. Als das dicke Lob von oben kam, wollte die Rektorin natürlich nicht die Sekretärin in die Pfanne hauen. Nun ist das jetzt die Vorzeigeschule.«

Alle lachten, aber die heitere Stimmung war verflogen.

9

Am nächsten Tag wollte ich mein Auto holen, das ich vor Karins Tür stehen gelassen hatte. Ein Mann fegte Blätter zusammen, die der Herbstwind abgerissen hatte, eine Dame führte zwei Windspiele spazieren. Kein Mensch sonst, und das an einem Freitagvormittag. Fenster und Türen hinter akkurat geschnittenen Hecken und Mäuerchen geschlossen, das Pflaster sauber wie geleckt. Wie tot muss die Straße erst sonntags wirken? Dass Karin sich fürchtete vor Wochenenden ohne Verabredungen, wurde mir einmal mehr verständlich.

Karin hatte bereits aufgeräumt, die Küche blank geputzt, der Geschirrspüler lief.

»Willst du Kartoffelsalat und Braten mitnehmen?«, bot sie an. »Es ist so viel übrig geblieben. Ich fahre nachher zu meinen Eltern, denen nehme ich auch etwas mit.«

Auf dem großen Esstisch im Wohnzimmer lag neues Chaos ausgebreitet: braune und bunte Stoffe, Gestänge, Schnittmuster, Indianerfedern.

»Was wird das denn? Machst du aus deiner Wohnung einen Wigwam?«

»Nee«, lachte Karin, »ich bereite einen Projekttag vor. Einmal im Jahr machen wir so was, jeder sucht sich ein Thema aus. Ich will den Kindern was über Indianer beibringen. Meine Mutter hat eine Nähmaschine, sie will mir helfen, ein Zelt und für jedes Kind ein Kittelchen zu nähen.«

»Geht das nicht ein bisschen weit? Ein Zelt und Klamotten nähen.« Ich hielt das für übertrieben. »Wer bezahlt eigentlich diesen ganzen Kram?«

Die letzte Frage überging sie. »Ach, lass mich doch. Wenn ich eine eigene Familie hätte, könnte ich das nicht, aber so. Die Kinder sollen wenigstens eine Ahnung bekommen, wie die Indianer gelebt haben. Ich hab die Idee, dass wir uns in das Zelt setzen und ich ihnen eine Indianergeschichte vorlese und wir darüber reden. Sag mal, hast du nicht Lust, mitzukommen zu meinen Eltern? Du kannst dein Auto bis heute Abend stehen lassen, wir fahren mit meinem neuen Auto. In einer Stunde sind wir da.«

Die Frage kam zwar recht unvermittelt, aber ich konnte es einrichten, war gespannt darauf, ihre Eltern kennenzulernen.

Karin packte ihren Indianerkram zusammen, und wir gingen zum Auto.

»Kannst du das mal unterwegs lesen und deine Meinung dazu sagen?«, bat sie und drückte mir eine »Stellungnahme« in die Hand.

»Was ist das?«

»Eine Erklärung, warum ich nicht Konrektorin werden will und kann. Wenn sich keiner freiwillig meldet, werden die Dienstältesten herangezogen, und zu denen gehöre ich.«

Ich las:

»Die Platanen-Grundschule ist eine Gemeinschaftsgrundschule im sozialen Brennpunkt … mit hohem Ausländeranteil, vielen Sintifamilien und vielen Schülern aus sozial schwachen Familien (Schüler mit Sozialschein). An unserer Schule arbeiten fast 30 Lehrerkollegen und einige Mitarbeiter.

Eine Schule leiten zu können bedeutet, auch über Kompetenzen zu verfügen, ein so riesiges Konstrukt überschauen zu können, und es muss fundiertes Wissen über die Organisation einer Schule und die Kenntnis der Hintergründe aller Projekte vorhanden sein.«

Es folgte eine Aufzählung der Projekte: offene Ganztagsschule, Sofög-Gruppe, …

»Karin, was ist denn Sofög?«,

»Soziale Förderung.«

Sie fädelte sich am Dreieck Drahn auf die Autobahn ein.

Also weiter:

»Sinti-Konzept, Schubile-Projekt, Zusammenarbeit mit den Kindergärten, Zusammenarbeit mit dem runden Tisch des Stadtbezirks, Sozialraumkonferenz des Stadtbezirks, MSU-Unterricht. Und was ist MSU?«

»Muttersprachlicher Unterricht – also Türkisch und Arabisch. Islamische Unterweisung, Erprobung des Förderkonzepts für die offene Eingangsstufe.«

Dann kam Privates:

»Mein Gesundheitszustand – chronische Erkrankung der Atemwege, Tinnitus, Bluthochdruck – und die psychische Belastung durch die Krebserkrankung meiner 80-jährigen Mutter, die 60 km entfernt wohnt und um die ich mich zweimal in der Woche kümmere, lassen nicht zu, dass ich eine Funktionsstelle des beschriebenen Ausmaßes ausfüllen kann. Selbstverständlich werde ich die Kollegin oder den Kollegen in dieser Funktion wie bisher unterstützen.«

In drei weiteren Absätzen legte sie dar, dass die beste Lösung wäre, Kurt Weller zu überzeugen, Schulleiter zu bleiben.

»Will Kurt denn gehen?«, fragte ich Karin.

»Er ist immer noch krank, aber er hat Norbert gegenüber geäußert, dass er überlegt, sich versetzen zu lassen. Irgendwie kann ich das verstehen, ich möchte auch nicht ständig mit diesem Jahnke zu tun haben. Und die Stellvertreterstelle ist schon seit drei Jahren unbesetzt. Aber lies mal weiter.«

»Wie soll also ich, eine Pädagogin ohne Qualifikation im Bereich Schulleitung, auch nur für kurze Zeit einen solchen Posten ausfüllen können, wenn eine ausgebildete Kraft das nach Meinung von Herrn Schulamtsdirektor Jahnke nicht im richtigen Umfang schafft?«

»Ein paar von uns haben das prophylaktisch geschrieben. Wenn Kurt länger ausfällt oder sich wirklich versetzen lassen will, muss was geschehen. Aber ich kann und will diesen Job nicht machen«, sagte Karin. »Zwei- oder dreihundert Euro mehr und dass ich auf die Visitenkarte drucken lassen kann ›Konrektorin‹ – nee, das ist der Stress nicht wert.«

»Das kann ich gut verstehen. Ich glaube, ich würde das auch nicht wollen.«

Nie im Leben würde ich mich mit den offenbar im Vierteljahrestakt hektisch ausgebrüteten Ideen von Ministerialbeamten herumschlagen wollen. Freiberuflich arbeitende Fotografen haben es zwar heute auch nicht leicht, wir kämpfen mit anderen Widrigkeiten, aber wir müssen uns nicht mit irrationalen Ideen herumschlagen. Und wir werden nicht so getriezt wie Pädagogen.

»Wie findest du den Text? Kann ich das abschicken?«

»Solltest du nicht noch dazuschreiben, was du für Funktionen hast? Du erzählst doch immer von deiner Theater-AG, für die erarbeitest du nicht nur die Stücke, du nähst die Kostüme, bastelst Kulissen, du hast die Vertretungspläne an der Hacke, bist Fachbereichsleiterin Mathe, außerdem im Lehrerrat.«

»Ach, irgendsowas macht doch jeder von uns.«

Vor uns verengte sich die Autobahn auf eine Spur. Karin schaltete runter und blinkte rechts, bis sie sich einfädeln konnte.

»Sag mal, was ist eigentlich mit dieser Greta?«, fiel mir ein.

»Greta haben diese täglichen Kämpfe mürbe gemacht«, fing Karin an. »Sie war lange krank, hatte eine Bandscheibenoperation. Ihre Rektorin hatte ihre Post geöffnet und ihre Krankengeschichte gelesen. Warum die Post nicht an ihre Privatadresse ging, weiß ich nicht. Auch den Auslöser für ihr Burn-out kenne ich nicht, ich weiß nur, sie wurde gemobbt, und was sie von ihrer Schule erzählte, klang nicht so toll. Zum Beispiel habe sie, als die neue Rechtschreibung eingeführt wurde, zwanzig Jahre alte Schulbücher für ihre Klasse bekommen. Und das bei solchen Schülern, wie wir sie auch haben! Sie hatte eine Beschwerde geschrieben und Unterschriften gesammelt, wollte den Brief an die damalige Schulministerin schicken. Das war ihrer Rektorin zu Ohren gekommen, die ein mächtiges Trara gemacht und Greta einen Maulkorb verpasst hat. Sie könne ja die Kinder testen lassen, was an den alten Büchern nicht mehr richtig sei – das muss man sich mal vorstellen! Mit dieser blöden Rechtschreibreform kommen doch nicht mal Erwachsene klar! Später hat Greta mitbekommen, dass die Rektorin sich und ihrer Stellvertreterin für ihre Klassen neue Schulbücher besorgt hatte.«

»Und dann erinnere ich mich, dass Greta mal von einem Kind aus ihrer Klasse erzählte, dem ein Junge ein Seil um den Hals geschlungen und zugezogen hatte. Er wollte mal sehen, wie rot der Kleine würde. Der Strangulierte soll ein ganz schüchternes Kerlchen gewesen sein. Greta war mit dem Kind zur Notärztin gefahren, die zu einer Anzeige geraten habe. Die Mutter wollte den Fall anzeigen, Greta unterstützte sie. Aber die Rektorin gab ihr wieder eins auf den Deckel, sie solle sich da raushalten. Und der Fall wurde totgeschwiegen. Aber das sind nur die Dinge, die ich mitgekriegt hab. Es ist, mit Verlaub, eine Scheißsituation, wenn deine Vorgesetzten dich nicht leiden können«, sagte sie.

»Ich weiß, wovon du redest«.

Mir fiel der Ressortleiter einer Redaktion ein, der mir gelangweilt, die Füße auf dem Schreibtisch, mitgeteilt hatte, ich könne nicht fotografieren, sollte es lassen und stattdessen kellnern gehen.

»Ich bin sehr froh, dass wir mit Kurt einen Rektor haben, der sich voll vor uns stellt, und ich hoffe sehr, dass er bald wiederkommt.«

Wir hatten inzwischen den Ruhrpott hinter uns gelassen, fuhren durch kleine Ortschaften, getrennt durch Wiesen und Felder. Eichen und Kastanien säumten die Straße.

»Noch 25 Kilometer, dann sind wir da«, sagte Karin.

Wir hielten in einer stillen Straße mit Reihenhäusern. Karins Vater öffnete auf unser Klingeln, ein kleiner, feingliedriger Herr in edlem Karo-Hemd und grauen Flanellhosen. Er gab seiner Tochter die Hand, begrüßte dann mich und führte uns ins Wohnzimmer, wo seine Frau auf dem Sofa saß. Karin umarmte ihre Mutter.

»Unterrichten Sie auch, wie meine Tochter, diese behinderten Kinder?«, fragte er mich.

Ich schaute irritiert.

»Na, Karin erzählt doch immer, was Ali und Mohammed und Dalia und Leyla und wie die alle heißen, so angestellt haben. Sehr intelligent erscheint mir deren Tun nicht.«

»Ach so – schlimmer, Herr Hübner, ich arbeite für die Presse, als Fotoreporterin.«

»Hm. Und worüber reportern Sie so?« Sein Ton verriet, dass er in seinem Arbeitsleben kein Subalterner gewesen war.

»Hauptsächlich Sozialgeschichten, insofern kenne ich mich wie Karin mit Behinderten, wie Sie es nennen, aus.«

»Na ja, verstehen kann ich meine Tochter nicht. Wie kann sie so verwachsen sein mit den kleinen Dötzen? Mittelmeeranrainer, Zigeuner – wo hat sie das her, dass sie sich so mit diesen Kindern versteht, dass die so an ihr hängen? Ich hab immer gesagt, mach Schluss da, sieh zu, dass du herkommst. Sie könnte hier viel besser leben als in Neuenthal. Ich bin ja erst viel später dahintergekommen, dass das die schlimmste Schule im ganzen Land ist.«

»Ja, ja, Vati, mit den Kindern, die ich heute unterrichte, hätte ich früher nie spielen dürfen!«, tönte Karin aus dem Nebenzimmer.

Ihr Vater holte Luft, und ich wusste nicht, was ich dazu sagen sollte.

Also sprach er weiter: »Aber wenn sie nun so eine Ader hat, besonders mit – ich will das nicht diskriminierend sagen –, also mit minderbemittelten Kindern zu arbeiten. Da fährt sie zu den Eltern, weil einer keine Schularbeiten macht oder die Schule schwänzt – ich hab gesagt, das ist doch gar nicht deine Aufgabe. Du hast doch da so 'ne Sprechstunde, sollen die Eltern doch hinkommen – das kann ich alles nicht begreifen. Vermutlich drückt sie so einem Kind auch hin und wieder mal ein paar Groschen in die Hand. Sie hat uns – ihren Bruder, die Schwägerin und deren Kinder. Und hier gibt es auch Schulen. Aber sie sagt, sie habe einen so guten Kontakt zu ihrem Kollegium und zu ihrem Rektor. Wird sie denn nun wenigstens Konrektorin an ihrer Schule?«

Offenbar hatte Karin mit ihren Eltern darüber gesprochen.

»Fragen Sie sie, aber ich glaube, sie möchte das nicht.«

»Na ja, es würde mich auch wundern, wenn man ihr das anbieten würde. Da wäre vielleicht eine jüngere Person angebrachter. Es scheint mir überhaupt eine komische Idee zu sein – da muss doch eine qualifizierte Person her!«

»Halten Sie denn Ihre Tochter nicht für qualifiziert?«

Er verzog seine Miene, als hätte ich einen von Karins Schülern für diesen Posten vorgeschlagen.

»Wenn das in meinem Beruf so wäre – ach du meine Güte! So eine Funktion muss doch eine Person ausfüllen, die sich durchsetzt!«

Ich wollte ihn auf versöhnlichere Gedanken bringen, fragte: »Was wollte Karin eigentlich werden, als sie noch zur Schule ging?«

Er wurde wieder zugänglich, sein Tonfall bekam eine Spur von Zärtlichkeit, die ahnen ließ, dass ihm seine Tochter keineswegs gleichgültig war:

»Sie wollte von Beginn an Lehrerin werden, da gab es nichts anderes. Karin war ein fröhliches Kind, eine aufgeschlossene junge Frau. Ich hätte mir wirklich einen anderen Beruf für sie gewünscht, aber da haben Eltern wenig Einfluss. Und jetzt entschuldigen Sie mich bitte, ich habe zu tun.«

Und damit verschwand er in die obere Etage.

So klang er also, der abgrenzende Ton, der Karin immer wieder die Tränen in die Augen getrieben hatte. Vermutlich würde dieser Mann freiwillig nie über seine oder anderer Leute Gefühle sprechen. Haltung und Zurück-Haltung, dieses moralische Korsett erschien ihm unerlässlich.

Währenddessen hatten sich Karin und ihre Mutter über das Indianerzelt hergemacht. Frau Hübner ratterte die Nähte auf der Nähmaschine runter, die sie nebenan auf den Esstisch gestellt hatte. Karin platzierte mich mit ein paar Zeitschriften und einem Kaffee aufs Sofa.

Alles wirkte etwas museal. Der Kamin in der Ecke schien noch nie benutzt worden zu sein, die beiden Votivkerzen davor hatten noch nie gebrannt, rund um die Dochte lag eine feine Staubschicht. Wohnraum und Esszimmer verband eine offen stehende Schiebetür. Durch die Glasfront im Esszimmer ging der Blick in den Garten. Von Karin wusste ich, dass die Eltern einen Gärtner beschäftigten. Der schien mit dem Staubsauger über den Rasen zu fahren und die Kanten mit der Nagelschere zu schneiden. Auch die Küche sah aus, als sei sie eben erst eingebaut worden – kein Teller, kein Glas, kein Topf stand herum.

»Dauert nicht lange, dann gehen wir was essen«, rief Karin von nebenan.

»Aber Kind, ich koche doch ohnehin für Papa und mich, esst bitte mit uns!«, bat die Mutter.

»Dann zeige ich Eleonora die Gegend, während du kochst.«

Wir fuhren in einen Nachbarort zu einem respektablen Haus, das mitten auf einer Obstwiese stand.

»Da oben, in dem großen Giebelzimmer, wohnte mein Bruder. Darunter, in der zweiten Etage die vier Fenster – das waren meine beiden Zimmer, daneben lag unser Kinder-Badezimmer. Es gab viel Platz, häufig kamen Freunde zu Besuch. Und einen Pudel hatten wir!«

Zum Gymnasium war sie mit dem Bus gefahren: ein imposantes Kloster, in dem Nonnen unterrichteten. Felder, Weiden, Bauernhöfe und dazugehörige Läden und Burgen, Radwege und ein Badepark – der alte Hübner hatte recht, wenn er sagte, hier könnte seine Tochter gut leben.

Als hätte Karin meine Gedanken erraten, sagte sie:

»Schön, ja, für die Vorübergehenden, wie Kästner geschrieben hat, oder war es Tucholsky? Ich verwechsle die beiden häufig. Meiner Mutter würde es sicher guttun, wenn ich öfter käme. Aber mein Vater, du hast ja gehört, wie er über mich und meine Arbeit denkt. Noch nie hab ich von ihm ein anerkennendes Wort gehört. Als sei ich nicht standesgemäß.«

Karin, die immer vorgab, gut gelaunt zu sein, hatte plötzlich einen bitteren Zug um den Mund.

»Was hat er denn gemacht, dein Vater?«

»Filialdirektor einer Bank. Er war selten zu Hause, ging morgens weg, kam abends gegen sieben, acht Uhr zurück. Meine Mutter hat nie gearbeitet. Die Leute hätten sonst denken können, mein Vater könne seine Familie nicht ernähren.«

Es war ein Herbstnachmittag mit klarer Luft, wolkenlosem Himmel, bunten Blättern an den Bäumen. Wir spazierten an einem kilometerlangen abgeernteten Feld entlang, jeder hing seinen Gedanken nach. Mir ging Karins Vater nicht aus dem Kopf, seine abschätzigen Bemerkungen. Verübelt er ihr auch, dass sie nicht verheiratet ist?

Auf jeden Fall schien mir Karin plötzlich gar nicht mehr so selbstsicher zu sein, wie sie meistens wirkte. Vielleicht war sie

Lehrerin geworden, weil die Schule ihr seit Kindertagen vertraut war – ein Fluchtpunkt. Und sie hatte in der »Platane« ihre Nische gefunden, ihr Nest, in dem sie sich geborgen fühlte, umgeben von Gleichgesinnten und einem ihr wohlgesonnenen Rektor. Dort kannte sie sich aus, fühlte sich sicher.

Ich konnte ihr damals nur spontan den Arm um die Schulter legen, sie an mich drücken.

»Komm, wie gehen noch zur Familie meines Bruders, Michael und Christine sind heiterer als meine Eltern, und dann zu Mama. Und nach dem Essen fahren wir heim«, sagte sie und versuchte wieder ihr altes Lächeln.

10

Zu Hause angekommen, nahm ich einen Teller mit Karins Salat und ein Glas Rotwein mit ins Wohnzimmer, sah die n-tv-Nachrichten, legte danach Bachs »Wohltemperiertes Klavier« auf und mich aufs Sofa.

Ich hätte dringend die Fotos von der kranken Frau aus München auf den Rechner laden und auswählen, die ausgewählten Fotos bearbeiten, beschriften und alles an die Redaktion senden müssen. Auf dem Anrufbeantworter hörte ich die Frage einer Redaktion nach einem Symbolfoto für das Thema Alkoholkrankheit, das müsste ich nun suchen. Ich beschloss, morgen ganz früh aufzustehen und alles zu erledigen. Jetzt hatte ich keine Kraft mehr für weitere soziale Trauerspiele.

Ich telefonierte lange mit meinem Freund. Am Wochenende hätte er endlich mal wieder frei. Ich freute mich auf ihn und auf Köln. Pädagogen und ihren Problemen würde ich da garantiert nicht begegnen.

In meinem Kopf aber spukten all die Kinder herum, von denen ich am Abend zuvor und an diesem Tag mit Karin gehört hatte. Wie hatte Nikola gesagt: Die Klasse, die Karin nun hat, ist eine solche Ansammlung von schwierigen Kindern, wie ich sie mein Lebtag noch nicht gesehen hab. Integration? Das sei ein Hohn an dieser Schule, weil verhaltensauffällige, bedürftige und Kinder ausländischer Herkunft die Mehrheit bildeten. Wo hinein soll man die integrieren? Von wem sollen die verhaltensauffälligen gutes Verhalten abgucken, wenn kein Kind wünschenswertes Verhalten zeigt? Und dabei ist Nikola eine von den Jungen, die offen sind für Reformen.

Wann immer ich solche Schulgeschichten höre, schwanke ich zwischen Mitleid mit diesen Würmchen und der Wut auf die Politik, die dreißig Jahre lang vor den Integrationsproblemen die Augen geschlossen hat, mal aus Kuschelmuschel-Multikulti-Seligkeit, mal aus Abwehr gegen alles Fremde. Anna hatte Tränen in den Augen, als sie erzählte, dass viele Kinder gar nicht in der Lage seien, zu lernen, weil sie zu Hause einfach keinen ruhigen Platz für sich hätten – nicht einmal für eine halbe Stunde. Sie kannte ein Mädchen, das sich im Winter nach der Schule unter die Laterne vor der Schule setzte, um Hausaufgaben zu machen.

Ein anderes Mädchen war im Schlafanzug zum Sportfest gekommen, eines barfuß. Und weil Nikola, die Sportlehrerin, anordnete, zur nächsten Sportstunde mit Schuhen zu erscheinen, kam sie mit Turnschuhen der Mutter, deren Spitzen mit Zeitungspapier ausgestopft waren. Nikola hatte sogar in Erwägung gezogen, auch Kleidung zu besorgen, aber das wäre wohl zu weit gegangen.

Es gibt Väter, die ihrem Kind vor der Schule auflauern, um es – Gott weiß, wohin – widerrechtlich mitzunehmen. Auch das zu verhindern, müssen die Lehrerinnen und Lehrer im Auge haben, wenn sie wissen, dass die Mutter mit dem Kind ins Frauenhaus oder zu einer anderen heimlichen Adresse geflüchtet war.

Nicht ungewöhnlich auch, dass libanesische Kinder im Morgenkreis von Schießereien erzählen, von der Verhaftung des Bruders oder Vaters. Karin sagte, ihnen bliebe nichts weiter übrig, als durch Zuwendung und Lob zu versuchen, den Kindern Selbstbewusstsein zu vermitteln, sie zu warnen, sich rauszuhalten aus den Streitereien der Erwachsenen und den Bandenkriegen.

Einem Jungen wurden die Butterbrote in Arbeitsblätter eingewickelt, einfach aus dem Heft gerissen. Viele bringen nichts zu essen mit. Haben keine Bleistifte, keine Buntstifte. Das besorgen dann die Lehrer – bezahlen es aus eigener Tasche oder nehmen etwas aus dem Spendentopf des Fördervereins.

Anna habe nach langer Zeit endlich kapiert, dass die Jungen Streit als eine Art Kontaktaufnahme begriffen, Kämpfe also nicht nur der Selbstbehauptung dienten, sondern auch als Ersatz für fehlenden Körperkontakt. Sie versuchte, die Fantasie der Kinder durch freies Schreiben anzuregen. Sie sollten sich aus der Fibel ein Bild heraussuchen und es beschreiben. Ein Junge entschied sich für das Bild »Affen toben im Baum«, das er wie folgt interpretierte: »Streiten sich zwei Affen, haut der eine dem anderen eine rein, haut der andere dem einen eine, da hatten beide einen hängen.«

Witzig sei das, sagte Anna, aber damit war der Junge nicht vom Thema Kampf weg. Den vorgegebenen Stoff zu vermitteln kostete viel Kraft, denn immer wieder musste sie Streit schlichten – der hat mir das geklaut, der ärgert mich, der hat mich getreten.

»Dahinter steckt der Wunsch, angenommen zu werden, einfach so, nicht wegen irgendwelcher Leistungen. Da die Eltern Akzeptanz offenbar selbst nie erfahren haben, ist es ihnen nicht möglich, ihre Kinder zu akzeptieren. Und das schaffen wir Lehrer auch nicht auf Anhieb. Das braucht viel Geduld, Zuwendung, Zeit.«

Sie erzählte, dass die Kinder in so manchem Morgenkreis von einer Kindheit berichteten, die sie in Deutschland kaum für möglich gehalten habe. Ein Mädchen hatte seinen Haustieren alle möglichen Sachen in die Körperöffnungen geschoben, sogar einen Hamster an die Tür genagelt. Warum? Die Eltern kamen nicht mit ihm klar, das Jugendamt gab es in ein Heim, während eines Wochenendbesuchs beobachtete es, wie die Mutter und ein dem Mädchen fremder Kerl es stehend im Hausflur trieben.

Ein Junge aus der vierten Klasse quälte mithilfe eines Zwölfjährigen ein kleines Mädchen aus dem ersten Schuljahr. Unter anderem versuchten sie, dem Mädchen etwas in den Anus zu stopfen. Das Mädchen, ein dünnes, leicht zurückgebliebenes Kind, hat sich nicht wehren können. Die Jungen stammten aus Familien, in denen nichts normal ist. Das Ganze habe an einem Nachmittag auf dem Spielplatz stattgefunden.

Oder was Anna mal erzählte: Ein Junge aus ihrer Klasse sei von einem älteren, den sie früher unterrichtet hatte, vergewaltigt worden. Das wusste sie von der Mutter des gequälten Jungen; da die jedoch illegal in Deutschland lebt, konnte Anna nicht mal helfen; sie hätte riskiert, dass Mutter und Sohn abgeschoben werden.

Es gab mal einen Kindergarten an der Platanen-Schule. Kinder, bei denen sich nach kurzer Zeit herausstellte, dass sie noch nicht schulreif sind, blieben nach Absprache mit den Eltern ein weiteres Jahr im Schulkindergarten, wo sie spielerisch auf die erste Klasse vorbereitet wurden und lernten, sich in unserer Sprache auszudrücken. Bis auch dafür das Geld ausging. Und heute? Bleiben sie weiterhin in der Klasse und wurschteln sich durch, meist ohne Erfolgserlebnisse.

Jede Grundschullehrerin, jeder Lehrer kann bestätigen, dass die Kinder erwartungsfroh und lernbegierig in die Schule kommen. Und dass die Freude verfliegt, wenn sie feststellen, dass sie vieles nicht können, obwohl sie sich anstrengen. Das ist grausam. Kinder brauchen Lob, Bestätigung, Ermutigung. Machten Kinder positive Erfahrungen mit dem Lernen, würden sie ihre Neugier erhalten, würden gern und mehr lernen wollen.

Karin hatte mir mal einen Text zu dem oft zitierten Pisa-Vorbild Finnland gegeben, über den sie mit Kolleginnen diskutiert hatte. Geschrieben war er von der Finnin Thelma von Freymann. Seit Karin diesen Artikel gelesen hatte, träumte sie von solchen Bedingungen. Da las man mit Erstaunen, dass schon zu Beginn des 20. Jahrhunderts Finnland die wenigsten Analphabeten der Welt hatte. In den langen, dunklen Wintern wird viel gelesen. Ausländische Fernseh- und Kinofilme werden in Originalsprache mit Untertiteln gezeigt – man muss also lesen können, um das Fernsehen zu verstehen. Jedem Kind, das aus dem Ausland kommt, wird die Landessprache beigebracht, bevor es in eine Schule gesetzt wird. Und die soziale Schere geht längst nicht so weit auseinander wie bei uns. »Jede normale Schulklasse im finnischen Binnenland setzt sich aus Kindern zusammen, die ein gemeinsames soziales und mentales Erbe teilen. Jede Lehrkraft kann sich darauf verlassen, dass das Werte- und Normengefüge, das von frühester Kindheit an in den Köpfen der Schüler verankert ist, im Prinzip intakt ist.« Wie viele unterschiedliche Werte- und Normengefüge gibt es bei uns? Dort kümmern sich eine Schulschwester, eine Sozialarbeiterin, eine Psychologin, eine Speziallehrerin für schwache Schüler, diverse Assistenten und Küchenpersonal. In jeder Schule bekommen die Kinder täglich eine warme Mahlzeit. Sie sitzen ordentlich an sauberen Tisch mit richtigem Geschirr. Auch an Tischsitten erkennt man die Kultur eines Landes – und auch einer Schule!

In Finnland können sich die Lehrer auf ihr Kerngeschäft konzentrieren, das Unterrichten– genau das wünschen sich die Lehrkräfte hierzulande. In großen Klassen – und dazu zählen solche mit mehr als zwanzig Kindern! – helfen Assistentinnen, eingestellt auf Stundenbasis, der Lehrerin, indem sie schwächere Schüler betreuen. »Auf keinen Fall«, schrieb die Autorin, »soll die Lehrkraft von ihrer Aufgabe, der ganzen Klasse etwas beizubringen, dadurch abgelenkt werden, dass einzelne Schüler ihre Aufmerksamkeit voll für sich in Anspruch nehmen.« Fällt eine Lehrkraft aus, springt eine andere aus einer Vertretungsreserve ein, über die jeder Schulträger verfügt.

Das Ganze funktioniert, weil in Finnland Lehrer keine Beamten sind. Warum sind sie es eigentlich in Deutschland? Lehrer erfüllen keine hoheitlichen Aufgaben wie Richter und Finanzbeamte, riskieren nicht, wie Polizisten, im Dienst ihr Leben. Darüber hatte ich noch nie nachgedacht. Beamte dürfen nicht streiken, angestellte Lehrer hingegen haben ihrem Dienstherrn gegenüber mehr Rechte, könnten somit als mündige Bürger ihren Schülern eher als Vorbild dienen.

Ich erinnerte mich, gelesen zu haben, dass Berlin vor Jahren den Beamtenstatus für Lehrer abgeschafft hat. Gleichzeitig bezahlt die Hauptstadt ihre Lehrer besonders schlecht. Mit dem Ergebnis, dass viele, besonders junge Lehrer abwandern in andere Bundesländer, wo sie fest angestellt, besser bezahlt und besser behandelt werden.

Wie mochte Karin darüber denken? Leider war es zu spät, um sie anzurufen. Vermutlich hätte sie ihren Beamtenstatus freiwillig nicht aufgegeben. Man kann sich im goldenen Käfig auch bequem einrichten.

Es ist offensichtlich, dass das Erfolgsgeheimnis der Finnen in einem Konsens von Politik und Gesellschaft liegt. Wohingegen bei uns das Thema Schule und Bildung den Parteien vornehmlich dazu dient, sich zu bekriegen.

Warum ging mir das plötzlich so nahe? Allein durch meine Freundschaft zu Karin? Weil so viele in meiner Verwandtschaft an Schulen arbeiten, als wäre das in unserer Familie genetisch vorprogrammiert gewesen? Ich gebe zu, dass mich die Erhaltung des Menschengeschlechts nicht wirklich interessiert, wenn ich und alle meine Verwandten und Bekannten nicht mehr sind. Aber ich hasse es, wenn Ressourcen verschleudert werden. Und ich mag die unverdorbene Geradlinigkeit von Kindern. Ich liebe meine Nichte Emma. Demnächst bekommt sie eine Schwester, auch die werde ich lieben. Ich höre Kindern gern zu, ihren Spielen, ihren arglosen Witzen, ihren Liedern, ihren »Wenn-ich-groß-bin«-Geschichten.

II

Eines Abends, ich hatte in Köln meine Krankenhausserie endlich beendet und noch keine Lust, nach Hause zu fahren, rief ich Karin an, um zu fragen, ob sie Zeit habe. Wir verabredeten uns »Unter den Kastanien«. Dort war schon das halbe Kollegium versammelt: Nikola, Sandra, Sabine, Stefan, sogar Norbert war da und eine Frau, die ich noch nicht kannte.

»Ihr seht so konspirativ aus!«

»Das Konspirative haben wir schon besprochen. Das ist übrigens Regine, unsere Sonderpädagogin – und Eleonora gehört als Karins Freundin und Hoffotografin fast schon zu uns«, machte Nikola uns bekannt. »Nikola hat sich übrigens entschlossen, Konrektorin zu werden«, offerierte Norbert mir das Ergebnis der Runde.

Er selbst war damals knapp über fünfzig. Die tägliche Arbeit, eine große Familie, Sport und Fortbildungen füllten seine Tage aus. Ihn drängte es ebenso wenig wie Karin und Anna nach dieser Funktion. Auch Stefan hielt sich zurück, er sah wohl schon damals an der Platanen-Schule für sich keine Perspektive.

Nikola, etwas über dreißig, war zwar grundsätzlich offen für Veränderungen, sie stand jedoch aufgrund ihrer mehrjährigen Erfahrung den diversen Reformvorgaben von oben mit gesunder Skepsis gegenüber. Ihre Meinung trug sie, wenn nötig, fundiert und sachlich vor. Sie würde auch der geschliffenen Rhetorik eines Jahnke parieren können. Und sie ist hübsch: braunes Haar, kinnlang und glänzend, dazu meergrüne Augen, ein Kontrast, der jeden Mann zweimal hingucken lässt.

»Viel Stehvermögen wünsch ich dir!«, sagte ich, »Kurt ist ja wohl immer noch krank?«

»Ja, aber alle werden mich unterstützen – stimmts?«, fragte sie in die Runde.

Natürlich tönte ihr ein lautes Ja entgegen.

Nikolas erste Aufgabe sollte es sein, der Schule das neue Förderkonzept vom Halse zu halten. In der nullten Stunde sollten alle Kinder ihren Neigungen oder ihren Defiziten entsprechend zu irgendwelchen Lehrern in die Klassen wechseln. Keiner konnte sich dafür erwärmen. Malt es euch doch mal aus: Karin bietet Mathe für die schwachen Rechner an, Anna Diktatübungen, Regine übernimmt die Katastrophenkinder, tönte es von allen Seiten. Viele kommen doch schon jetzt zu spät, wenn die Schule um acht beginnt, um sieben wird das nie was! Bis sie den richtigen Raum gefunden und ihren Kram ausgepackt haben, müssten sie schon wieder den Klassenraum wechseln. »Nein, so eine Völkerwanderung will ich nicht haben«, sagte Nikola bestimmt, schon ganz wie eine stellvertretende Rektorin. Diese Kinder seien alle nicht so ganz normal gestrickt, das packen die nicht. Nein, das ist der größte Mist, wir haben genug andere Fördermöglichkeiten. Man könnte Kinder auch kaputt fördern.

Die Runde schien sich einig. Nur Sandra wandte ein: »Das musst du aber dem Schulrat gegenüber auch verteidigen können. Der hält uns schließlich für reformresistent!« Keiner in der Runde hatte den Auftritt von vor einem Jahr vergessen: »Tausende warten draußen auf Ihren Job.« Diese Worte klangen ihnen noch allen im Ohr. Dabei waren sie Unsinn. Jeder in der Runde war Beamter, konnte nicht entlassen werden. Ein Job, so sicher wie der des Papstes. Dennoch hatten sie Angst, fühlten sich schwach und in der Defensive.

»Das ist doch nicht Faulheit«, hob Karin an. »Das sind einfach schlechte Erfahrungen. Denkt an das Sinti- oder das Schubile-Projekt. Erst wurde die Sache mit großem Trara begonnen, dann kürzte die Behörde Stunde um Stunde, aber die Projekte blieben – als Aushängeschild. Stimmts, Regine? Am Anfang hattest du an unserer Schule 28 Stunden pro Woche für die Kinder, die einen Förderbedarf attestiert bekommen haben....«

»Plus sechs Stunden in einer Förderschule«, warf Regine ein. »Und jetzt sind es nur noch 19 Stunden. Ich hatte acht Kinder aus den Klassen eins bis vier; sie waren verhaltensauffällig, lernbehindert oder beides. Eigentlich hätten sie an eine Förderschule gehört, aber ich fand diese Lösung toll, dass sie bei euch bleiben konnten. Das war übrigens mal eine gute Idee von Schulrat Jahnke.« »Aber alle diese Aktionen versanden doch«, warf Norbert ein, der das Lob auf den Schulrat aus Prinzip nicht so stehen lassen wollte.

Mich beschlich das Gefühl, in eine Lehrerkonferenz geraten zu sein, aber jetzt aufstehen ging auch nicht mehr. Außerdem war ich schon so mit dieser Schule verwoben, dass mich interessierte, was da vonstatten ging. Also hörte ich weiter dem Abwehrkampf gegen den nicht anwesenden Schulrat weiter zu. »Von wegen reformresistent«, sagte Karin. »Unsere Teamarbeit klappt doch wunderbar.«

»Aber Teamarbeit muss auch passen«, sagte Stefan. »Mit Regine passt es eben, wir können schnell entscheiden: Den Teil übernehm ich, den übernimmst du. Das funktioniert nicht mit jedem.«

»Apropos Fördermaßnahmen: Wie lief eigentlich deine Überprüfung ab?«, nahm Nikola, an Regine gewandt, den Faden wieder auf. Wenige Tage zuvor hatten der Schulrat und zwei Kollegen, einer für Sonder-, einer für Hauptschulen, eine Stunde bei der Förderlehrerin hospitiert. »Ich musste alle meine Papiere vorlegen: Eine Einschätzung von jedem einzelnen Kind, jede Fördermaßnahme, jeden Entwicklungsschritt beschreiben und begründen. Dazu wollten sie meine Arbeitsmittel sehen, also Bücher, Lehrmaterial, es war für mich ein ziemlicher Aufwand. Wir quetschten uns alle in diesen kleinen Raum, und dann machte ich meinen Unterricht wie immer«, erzählte Regine. »Ich hab mit einem Singspiel begonnen, dann hab ich jedem eine Aufgabe gegeben: Judith und Jeremy haben gerechnet, Daniel musste eine kleine Geschichte schreiben, Mehmet hat den Text eines Liedes abgeschrieben.«

»Hattest du Angst vor dem Besuch?«, fragte jemand.

»Sicher. So kurz vor meinem Ausscheiden – wer von uns ist gewöhnt, beurteilt zu werden? Ich hatte einen Moment sogar überlegt, ob ich mich krankmelde. Aber dann hab ich mir gesagt: Wieso sollte ein erwachsener Mensch Angst vor so was haben! Ich war meiner Sache sicher. Ich hab gelernt: Mach keinen Schüler fertig, und lass dich nicht fertigmachen.

»Haben die Kinder gespürt, dass es drauf ankommt, haben sie sich manierlich benommen?«, wollte Sabine wissen. »Natürlich hatte ich Bammel, dass Koray wieder anfängt zu schreien. Als ich ihn neu in der Gruppe hatte, schrie er, wenn er mich sah, ganz hoch – wie Oskar Matzerath in der ›Blechtrommel‹«, sagte sie, zu mir gewandt, und lächelte dabei ein wenig.

»Ich hab ihn irgendwann hinten ins Klassenzimmer gestellt, einen Kreis um ihn gemalt und gesagt: Da bleibst du stehen, bis du aufhörst mit dem Geschrei. Das hat gewirkt. Aber er ist trotzdem ein äußerst schwieriges Kind, das sehr viel Zuwendung braucht. Zu Hause muckst er sich nicht, da soll er ein ganz liebes Kerlchen sein, aber in der Schule ... Jedenfalls verhielt er sich an dem Tag unauffällig. Und auch Colin schien begriffen zu haben, dass er mir keinen Stress antun durfte. Der legt sich öfter mal in die Mitte unseres Raumes und steht nicht mehr auf, kann sich eine Viertelstunde da unten aufhalten. Ist für mich auch nicht so ganz einfach. Ich lasse ihn einfach liegen und mache mit den anderen weiter. Einmal war ihm morgens grausam schlecht, er erbrach sich über Tisch und Boden, die anderen liefen kreischend raus, ab in ihre Klassen. Ich hab alles aufgewischt, in aller Ruhe – Lappen geholt, gewischt, hin zum Becken, Lappen ausgespült, ausgewrungen, zurück … Der Kleine blieb sitzen und sah mir zu. Dann hab ich ihn gefragt, ob ich ihn heimbringen solle. Der Vater, den ich angerufen hatte, war glücklicherweise zu Hause, die Eltern leben getrennt, der Vater mit einer neuen Partnerin. Dieser Vorfall hatte zwar keinen Einfluss auf Colins Leistungen, wohl aber auf sein Verhalten mir gegenüber. Seitdem benimmt er sich weitgehend gesittet.«

»Was ich schon lange wissen wollte«, fragte ich jetzt die Runde. »Gibt es für euch eigentlich so etwas wie eine Supervision? Schließlich müssten Pädagogen, besonders die an Schulen mit eurer Klientel, doch fachlich und auch psychisch unterstützt werden.«

Sie schüttelten den Kopf. Zwar gab es private Coaches, die über die Gewerkschaft ihre Dienste anbieten. Aber die waren privat zu bezahlen. »Für unseren Dienstherrn ist das Psycho-Schnickschnack«, sagte Karin.

»Bei uns im Studienseminar wurde das Thema Verhaltensauffälligkeiten sehr breit behandelt, es ist ganz aktuell, und ich hatte es als Examensthema.« Das erzählte Sandra, die Jüngste: »Dazu hatte ich mir einen Schüler rausgesucht, den ich speziell betreut und beobachtet habe: Mit Humor begegnen ist eine Strategie. Dann fragen, warum benimmt sich das Kind so, was hat es für Defizite, welche Konsequenzen kommen in Betracht, welches Bonussystem kann ich für dieses Kind entwerfen – ein lachendes oder ein weinendes Gesicht –, also Pläne, die man heute auch bei der Super-Nanny im Fernsehen sieht.«

Karin holte Luft und wollte etwas einwerfen, aber Sandra redete schon weiter: »Ich weiß, Karin, das alles ist sehr aufwendig und nur durchführbar, wenn man eine ruhige Klasse hat mit ein, zwei Kindern, die besonderer Zuwendung bedürfen.«

»Und wie macht Karin ihren Unterricht?«, wollte ich wissen, hatte ich meine Freundin doch nie dabei erlebt.

Karin lachte: »Erzähl schon, wie mache ich es?«, ermunterte sie Sandra.

»Sie begrüßt die Kinder ruhig und freundlich in Deutsch und Türkisch, wie alle anderen auch, nicht wahr?«

Allgemeines Nicken bestätigte das.

»Dann singt sie mit den Kindern ein Lied, oft sitzen alle im Kreis, montags erzählen die Kinder, was sie am Wochenende erlebt haben. Wenn sie lesen können, legt Karin manchmal in einen Kreis Karten mit Satzanfängen, die die Kinder vervollständigen sollen: Am liebsten möchte ich … Am besten gefällt mir … Gestern habe ich …

Sie unterrichtet nach alter Manier, vorwiegend Frontalunterricht. Aber damit kommt sie gut zurecht. Sie ist immer gut gelaunt, hat eine herzliche Art und eine positive Einstellung gegenüber den Kindern. Ihre Kinder wissen, welche Regeln sie einzuhalten haben. Sie melden sich, wenn sie zum Papierkorb oder zur Toilette wollen. Wir schicken dann ein zweites Kind mit zur Toilette, weil man über den Hof gehen muss; es gibt immer mal jemanden, der sich auf dem Schulhof rumdrückt und durch die Fenster guckt.

Gibt es Probleme, genügt meist ein Blick von Karin, und es ist Ruhe. Sie weist sie auch mal in scharfem Ton zurecht, stampft sie sozusagen mal ordentlich ein – das muss manchmal sein, das mache ich auch, finde ich absolut in Ordnung. Und danach ist sie den Kindern sofort wieder gut. Weißt du noch, wie wir das Theaterstück ›Freddy will kein Frosch mehr sein‹ einstudiert haben, Karin?«

»Und sicher hat sie auch alle Kostüme selbst genäht, stimmts?«, mutmaßte ich.

»Klar«, bestätigte Sandra begeistert. »Oder wie du mit den Kindern ›Die goldene Gans‹ aufgeführt hast?«

Sie redeten ein bisschen über Theateraufführungen, über die Ausstellung mit selbst gemalten Bildern und den bevorstehenden Nikolausmarkt, auf dem Lehrer und Kinder allerhand verkaufen wollten, um Geld für die Klassenkassen zu verdienen.

»Die Unterrichtsmethoden, die heutzutage im Studium vermittelt werden, sind nicht durchgängig alltagstauglich; jedenfalls lässt sich nicht alles eins zu eins umsetzen«, kam Nikola wieder auf Sandras Ausgangspunkt zurück. »Aber es ist gut, verschiedene Methoden zu kennen, und die eine oder andere lässt sich ja auch anwenden.«

»Habt ihr eigentlich gelernt, was zu tun ist, wenn ein Kind total aus dem Ruder läuft?«, fragte ich.

»Man kann einen Schüler mal in eine andere Klasse schicken. Die Methode greift oft, weil jedes Kind doch gern bei seiner eigenen Lehrerin bleibt«, sagte Sabine. »Stimmt, für Klassenlehrerinnen ist das eine Möglichkeit. Aber ich bin an dieser Schule Fachlehrerin«, sagte Nikola, »bei mir zieht das nicht so.«

»Vor die Tür stellen darf man Kinder eigentlich auch nicht, weil man damit seine Aufsichtspflicht verletzt. Ich sage bewusst: eigentlich, man macht ja oft etwas, was nicht erlaubt ist, weil's anders einfach nicht geht«, sagte Sandra.

»Wenn sich zu viele Vorfälle angehäuft haben, setzen sich alle Lehrer, die dieses Kind unterrichten, mit den Eltern und der Schulleitung zusammen, bei ernsten Angelegenheiten erscheinen die Eltern auch für gewöhnlich, und dann werden Maßnahmen ergriffen: Ausschluss vom Unterricht für fünf Tage, dann muss das Kind morgens von der Lehrerin die Aufgaben abholen, die im Unterricht behandelt werden, irgendjemand muss das zu Hause mit ihm erarbeiten, am nächsten Morgen abgeben und neue Aufgaben holen.«

»Das hast du wohl in deinem Studium gelernt, Sandra?« Karin lachte. »So was haben wir an der Platane noch nie gemacht.«

12

Es war ein Montagabend im Januar, der erste Schultag nach den Weihnachtsferien. Am Wochenende hatte das Orkantief »Erwin« über Norddeutschland gewütet, an diesem Tag schwitzte ganz Neuenthal in Wintermänteln bei unnatürlichen 15 Grad, so ein Wetter nervt. Ich klemmte den Telefonhörer zwischen Ohr und Schulter, nahm meinen Tee und setzte mich in den Sessel.

»Erzähl, Karin, was ist passiert? Ich höre zu.«

»Diese Kinder machen mich fertig. Du weißt, dass ich sie mag und mich immer für sie einsetze, ich hab auch mehr Zug drin als viele meiner Kolleginnen, aber in dieser Klasse brodelt es ständig, da ist nie Ruhe. Die ersten zehn Minuten geht's, dann ist es vorbei. Das sind richtige Zeitbomben, schlimmer als alle anderen zuvor.«

»Was ist los?«

Sie holte tief Luft und redete dennoch wie atemlos weiter:

»Also: Ich hab da ein ungutes Triumvirat – Tom, Maik und Jeremy. Jeremy ist der Schlimmste. Er hält grundsätzlich keine Regel ein und es bereitet ihm diebische Freude, andere Kinder zu provozieren. Heute ist er zu spät gekommen, schlurft in den Raum, schlägt seinen beiden Kumpels kräftig auf die Schultern, dass die anfangen zu grölen und zu kichern, wischt im Vorbeigehen zwei Kindern das Arbeitsmaterial vom Tisch, trampelt im Weitergehen drauf rum, und schon eskalierte die Stimmung. Tom und Maik springen auf, wollen sich auf Jeremy stürzen, der rennt los, wieder raus aus dem Klassenraum und auf den Hof, die anderen und seine beiden Freunde hinterher.

»Bis ich die Bande zurückgeholt hatte, machte der Rest der Klasse Rabatz.«

»Zwanzig Minuten dauerte es, bis alle wieder auf ihren Plätzen saßen und sich einigermaßen ruhig verhielten. Dann rastete Maik aus, weil ich von den Kindern verlangte, ›Ich-sehe-was-was-du-nicht-siehst‹ zu spielen und den entsprechenden Satz aufzuschreiben. Das hatten sie im ersten Halbjahr gelernt. Maik schrie, dazu habe er keine Lust, und als ich ihn zurechtwies, kreischte dieses Kind: Fick dich ins Knie, Alte! Der Bengel ist sieben! Er hat schon häufiger ziemliche Kraftausdrücke gebraucht, aber das war der Oberhammer. Ich dachte, ich spinne. Zunächst hat's mir die Sprache verschlagen, aber dann hab ich ihn zusammengefaltet.«

»Was hat er denn für Eltern?«, unterbrach ich sie.

»Sie sehen ganz ordentlich aus, der Vater hat Arbeit, ich habe sie auch schon mal ins Eltern-Café bestellt, sie sind auch gekommen. Aber keine Spur von Einsicht! Die anderen Kinder sind daran schuld, wenn ihr Maiki ausrastet, der arme kleine Kerl müsse sich schließlich verteidigen, wenn er geärgert wird. Und Kraftausdrücke? Nein, nie, woher sollte er die kennen, zu Hause hört er so was natürlich nicht. Dass er leicht reizbar ist und unvermittelt – auch mitten im Unterricht – eine Schlägerei anfängt, wenn ihm was nicht passt, davon wollten sie natürlich auch nichts wissen.«

»Ja, und dann ist da Volkan, ein dünner, aber drahtiger Knabe, der oft stundenlang nur aus dem Fenster starrt und an Gottweißwas denkt. Dem Triumvirat macht es großen Spaß, ihn so lange zu triezen, bis bei ihm das Ventil rausfliegt. Er ist überhaupt nicht aggressiv, nur unberechenbar wie ein Eisbär. Es kann sein, dass er bitterlich weint. Kann sein, dass er aus dem Klassenraum rennt und aufs Klo flüchtet. Kann auch sein, dass er erbarmungslos auf denjenigen einprügelt, der ihn am meisten gereizt hat. Und Wut verleiht ihm ungeahnte Kräfte.«

»In der Pause müssen sie Volkan wieder geärgert haben, genau war das nicht zu ermitteln, ich will das auch gar nicht mehr ermitteln, da komme ich ja überhaupt nicht mehr zum Unterrichten, jedenfalls ist mein Volkan heute explodiert und hat auf Cem eingedroschen, dass dessen Nase blutete und sein Sweatshirt volltropfte, worauf der krähte wie ein Hahn, wie er das nun wieder rauskriegen solle.«

Karin holte Luft und machte weiter:

»In der zweiten Stunde – ich hatte gerade wieder Ruhe reingekriegt – ging die Tür auf und Orianas Eltern kamen rein. Oriana ist eines von den Sintikindern. Die beiden marschierten wortlos und ohne mich überhaupt anzusehen, auf Oriana zu und fingen an, mit ihr zu tuscheln. Was die Klasse natürlich wieder mobilisierte. Ich bat die Eltern, damit aufzuhören und den Raum zu verlassen, was sie taten, nicht ohne dabei in Romanes zu murmeln, die Sprache verstehe ich ja nicht, aber ihre Mienen verhießen nichts Freundliches, und draußen auf dem Gang schimpften sie laut. Ich ging hinterher und bat sie höflich, doch künftig nicht mehr zu stören. Da fing der Vater an zu schimpfen.«

Eine Weile war es still in der Leitung. Dann fuhr sie fort mit gesenkter Stimme, als könne sonst einer mithören:

»Da sagt doch dieser Mensch zu mir: Unter Hitler habt ihr unsere Schwänze gelutscht und unsere Votzen geleckt, ihr Nazischweine, und jetzt spielt ihr euch hier auf! Mir hat's die Sprache verschlagen, aber dann stieg eine solche Wut in mir hoch, dass ich mir derartige Reden entschieden verbeten habe.«

Jetzt klang ihre Stimme metallisch-hart.

»Und weißt du, was der Kerl dann gemacht hat? Hat mir eine Ohrfeige gegeben. Das musst du dir mal vorstellen, der Kerl hat mir einfach eine geklatscht! Seine Frau stand sichtlich erschrocken daneben, die hat er angeschnauzt und ist mit ihr abgehauen.«

Sie schnaubte vor Wut.

Ich hatte sie, ihre Kolleginnen und Kollegen schon häufiger darüber klagen hören, dass die Regeln der Sintifamilien mit unseren – sagen wir es vorsichtig – nicht unbedingt kompatibel seien. Die Eltern bringen die Kinder auch nach der ersten Klasse noch bis zur Schulbank ins Klassenzimmer, tragen ihnen die Schultasche, oder sie erscheinen mitten im Unterricht und legen eine Tüte mit Gebäck vor sie auf den Tisch. Manchmal haben sie kleinere Geschwister dabei, die vor der Klassenzimmertür Remmidemmi machen oder mit rein wollen; sie stehen in Gruppen auf dem Schulhof und rauchen und warten, bis der Unterricht zu Ende ist, passen auf, dass ihrem Kind kein Leid geschieht. Sabine hatte mal erzählt, sie habe eine Mutter gebeten, die Zigarette auszumachen, auf dem Schulgelände sei das Rauchen untersagt. Zur Antwort bekam sie: Verpiss dich, du Schlampe. Und als ein Kind mal eine Stunde länger in der Schule bleiben sollte, um Versäumtes unter ihrer Anleitung nachzuholen, verfluchte der Vater Kurt Weller, den seiner Meinung nach Verantwortlichen: Wir stellen eine Kerze auf, ich verfluche dich! Du sollst verrecken!

Die Fehlzeiten der Sintikinder sind untragbar, Bildung hat für viele von ihnen offenbar keinen hohen Stellenwert. Für ihr Leben müssen sie wohl andere Dinge wissen. Und Lehrer haben ohnehin nichts zu melden; gibt er eine schlechte Note, ist er ein Rassist oder ein Nazischwein. Natürlich gibt es auch bildungsbewusste Eltern unter ihnen, aber das sind wohl an dieser Schule Ausnahmen.

»Sag mal, weiß euer Schulrat eigentlich von solchen Vorfällen?«, fragte ich.

Sie stieß ein kurzes, bitteres Lachen aus.

»Der Jahnke? Weißt du, was der mal zu diesem Problem gesagt hat? Wir sollten uns professionell zurücklehnen! Das übersetze ich mit: Klappe halten und alles hinnehmen.«

Irgendwann hatte ich nachts auf ARTE einen Film über den Sinto Django Reinhardt, den begnadeten Jazz-Gitarristen, und seine Nachfahren gesehen. Sinti leben schon seit tausend Jahren im deutschsprachigen Raum und dieses Jahrtausend ist gekennzeichnet von Verfolgung, Vertreibung, Vernichtung. Ich glaube nicht, dass die heutige Gesellschaft irgendeinen Assimilierungsdruck auf sie ausübt. Eher scheint es so, dass sie sich selbst abschotten, ist doch für die Sinti-Identität unerlässlich, ihre Kultur, ihre Sprache, ihre Wertvorstellungen privat zu pflegen.

Es ist ein Dilemma, in dem Karin, Sabine und die anderen stecken. Das kollektive schlechte Gewissen diesem Volk gegenüber lässt sie nicht selbstbewusst auftreten, Rückhalt von offizieller Seite fehlt, sie fühlen sich hilflos – und lassen damit zu, dass ein schlagender, pöbelnder Vater und eine freche Mutter sie beleidigen. Ohne dieses deutsche schlechte Gewissen würde man sich entschieden und sich mit allen Konsequenzen gegen solch ein Verhalten verwahren. Denn es geht doch eindeutig nicht darum, eine ethnische Minderheit zu diskriminieren, sondern den Konsens eines guten Miteinanders einzuhalten.

»Die gesellschaftliche Schere klafft immer weiter auseinander, und wir bekommen das jeden Tag zu spüren«, griff Karin den Faden wieder auf. »In der Zeitung stand mal, dass dieser Stadtteil zu den 21 Armutsinseln in unserem Land gehöre. Armutsinseln seien geprägt durch hohe Arbeitslosigkeit, mangelnde Kaufkraft, Kriminalität, Überalterung, veraltete Bausubstanz oder trostlose Hochhausburgen. Und hast du den Artikel im *stern* gelesen, der vor Weihnachten erschienen ist? Der Autor beschreibt ›Das wahre Elend‹ unserer Klientel. In keiner Gegend Westdeutschlands seien die Leute so arm wie in dieser Gegend. Er beschreibt die äußerlich ordentlichen Wohnblocks aus den Sechzigerjahren – warte mal, ich les dir das mal vor«, und noch ehe ich erwidern konnte, dass ich den Artikel auch gelesen hatte, fing sie an zu zitieren:

»›Das Elend ist keine Armut im Portemonnaie, sondern die Armut im Geiste. Der Unterschicht fehlt es nicht an Geld, sondern an Bildung. Einmal unten, immer unten. In den vergangenen Jahrzehnten hat die Unterschicht eigene Lebensformen entwickelt, mit eigenen Verhaltensweisen, eigenen Werten und eigenen Vorbildern: die Unterschichtskultur.‹ Und weiter hinten: ›Die Unterschicht verliert die Kontrolle, beim Geld, beim Essen, beim Rauchen, in den Partnerschaften, bei der Erziehung, in der gesamten Lebensführung‹, und so weiter. Und wir sollen da gegensteuern, das ist einfach nicht mehr zu schaffen!«

Zwei Stunden telefonierten Karin und ich an diesem Abend. Sie beruhigte sich erst, als wir uns für den kommenden Freitag verabredet hatten, sie wollte einen Blazer kaufen – einkaufen stimmte sie immer froh –, und anschließend wollten wir ins Kino gehen. Der Film »In den Schuhen meiner Schwester« mit Cameron Diaz und Shirley MacLane versprach heitere, unkomplizierte Unterhaltung.

13

IM MÄRZ NAHM KURT Weller wieder seine Arbeit auf. Vier Monate lang war er krank gewesen, hatte an Schlaflosigkeit, Herzrasen, Hautausschlag gelitten. Der Arzt wollte ihn in den Ruhestand schicken, aber das wollte er nicht, er war ja erst 54. Er hatte eine Therapie gemacht und danach war es zu einem Gespräch gekommen zwischen einem Mitarbeiter der Bezirksregierung, dem Schulrat Jahnke und ihm. Es sei freundlich, aber ergebnislos verlaufen, erzählte Kurt Vertrauten. Der Vertreter des Personalrats hätte ihm geraten, zu klagen, und ihm einen Anwalt empfohlen. Aber einem solchen Prozess hätte Kurt nicht standhalten können, seine Nerven lagen blank.

Und dann arbeitete er zwei Wochen an der Platanen-Schule und spürte, dass er es nicht mehr schaffen würde. Er wollte nur noch weg. Natürlich fiel es ihm schwer, das Kollegium von seinem Entschluss zu informieren. Sie hatten sich immer gut verstanden. Andererseits litt Kurt offensichtlich.

Er beantragte, ihn zum Schuljahresende von der Funktion des Schulleiters zu entbinden, ihn zurückzustufen und in einen anderen Bezirk zu versetzen. Herr Jahnke hätte ihn am liebsten sofort weggeschickt, mitten im Schuljahr. Aber Kurt Weller wollte einen sauberen Abschluss. Er unterschrieb im Juni die Zeugnisse, regelte, was zu regeln blieb, gab erst dann die Schlüssel ab. Er wollte Nikola davon überzeugen, seinen Posten einzunehmen, hatte sie ihn doch während seiner Krankheit gut vertreten. Aber Nikola dachte jetzt nicht an Karriere, sie erwartete ihr erstes Kind.

Die Lehrer reagierten überrascht, traurig, entsetzt. Karin erzählte es mir, voller Sorge, was nun auch auf sie zukommen würde. 23 Jahre hatte sie mit Kurt zusammengearbeitet, 23 Jahre Arbeitsalltag – das war fast wie eine Ehe.

Norbert war es, der das Kollegium zusammentrommelte und vorschlug, an die Bezirksregierung zu schreiben, er habe das mit dem Bezirkspersonalrat besprochen.

Fünfzehn Kolleginnen und Kollegen setzten ihre Unterschrift unter folgenden Brief:

Auf dem Dienstwege

Sehr geehrter Herr (...),
(...) unser Schulamtsdirektor Herr Jahnke war mit den Leistungen unseres Rektors, Herrn Weller, nicht einverstanden und hatte ihm nahegelegt, die Leitung der Schule abzugeben. Inzwischen hat Herr Weller seine Konsequenzen gezogen und seine Versetzung beantragt.

Der Stadtteil, in dem unsere Schule liegt, hat »besonderen Erneuerungsbedarf« (...) mit bundesweit ungünstigsten Bildungsvoraussetzungen. (...)

Es bedarf besonderer Führungsqualitäten und eines großen persönlichen Einsatzes, hier eine vierzügige Gemeinschaftsgrundschule zu leiten. Allen Widrigkeiten zum Trotz gelang es Herrn Weller durch großes fachliches Engagement, seinen integrativen Führungsstil und nicht zuletzt seine offene, humorvolle Art, ein sehr gutes Arbeitsklima zu schaffen. Souverän hielt er uns auch in schwierigen Situationen den Rücken frei. Mit Sachverstand und Empathie stand er uns als Ratgeber zur Verfügung. Sein bewundernswertes organisatorisches Geschick ermöglichte einen reibungslosen Betriebsablauf. (...)

Unter Herrn Wellers Leitung wurde das Profil der Schule durch vielfältige Fördermaßnahmen deutlich geschärft.

Die Grundschule (...) befindet sich in einer spürbaren positiven Entwicklung. Deshalb empfinden wir das Verhalten des Schulamtsdirektors Herrn Jahnke als kontraproduktiv hinsichtlich unserer Bemühungen, die Bildungssituation unserer Schüler zu verbessern. Jahrelang war die Schulleiterstelle (…) erfolglos ausgeschrieben worden, bevor sich Herr Weller aus unserem Kollegium schließlich bewarb. Jahrelang blieb auch die Ausschreibung der Konrektorenstelle ohne Erfolg.

Zu Beginn der Osterferien tritt die kommissarische stellvertretende Schulleiterin ihren Mutterschaftsurlaub an. Wenn dann Herr Weller zum Schuljahresende hier ausscheiden wird, muss ein starker Bruch verkraftet werden. Und das zu einem Zeitpunkt, an dem sich die Schwierigkeiten häufen:

Herr SAD Jahnke hat angekündigt, dass er eine Bevorzugung unserer Schule bei der Stellenzuteilung in Zukunft nicht mehr verantworten könne. Deshalb muss jeweils eine Klasse der jetzigen 1. und 2. Schuljahre aufgelöst werden. Unsere beiden äußerst tüchtigen Erzieherinnen für die nicht schulreifen Kinder gehen in den Ruhestand. An Ersatz ist laut Herrn SAD Jahnke nicht zu denken.

Es wird befürchtet, dass einer unserer beiden Türkischlehrer abgezogen wird.

Umfangreiche Baumaßnahmen im Rahmen der Erweiterung unseres Ganztagsgebäudes stehen an.

Wegen der ungewissen Schulleitungssituation haben bereits einige Kolleginnen und Kollegen angekündigt, einen Versetzungsantrag zu stellen.

Herr SAD Jahnke hat die Versetzung unseres erfolgreichen Schulleiters zu verantworten. Wir haben den Eindruck, dass er dadurch seiner Fürsorgepflicht unserer Schule gegenüber nicht nachgekommen ist.

Wir bitten die Bezirksregierung, Maßnahmen zu ergreifen, um den weiteren Schaden an unserer Schule möglichst gering zu halten.

Mit freundlichen Grüßen
Das Kollegium

Als Anlagen waren eine Absichtserklärung zur Versetzung, unterschrieben von zehn Kolleginnen und Kollegen, und ein Versetzungsantrag in Kopie von Anna beigefügt:

»Wegen der ungewissen Schulleitungssituation und der ab dem nächsten Schuljahr zu erwartenden (auch durch angeordnete Zusammenlegung) vollen Klassen an unserer im sozialen Brennpunkt liegenden Schule und der damit verbundenen Perspektivlosigkeit stelle ich einen Antrag auf Versetzung.

Ich beantrage die Versetzung aus dem Schulbezirk des Herrn SAD Jahnke in einen anderen Bezirk.«

Acht Monate später ging in Berlin ein anderer Brief an den damaligen Bildungssenator der Hauptstadt: Die Kapitulation des Kollegiums der Rütli-Schule in Berlin-Neukölln wirkte in ganz Deutschland wie ein Weckruf. Sie litt an ähnlichen Krankheiten wie die Platanen-Schule in Neuenthal, nur dass es sich um eine Hauptschule handelte, deren Schülerschaft älter und damit noch weniger zu reglementieren war:

»Unsere Bemühungen, die Einhaltung der Regeln durchzusetzen, treffen auf starken Widerstand der Schüler/innen. In vielen Klassen ist das Verhalten im Unterricht geprägt durch totale Ablehnung des Unterrichtsstoffes und menschenverachtendes Auftreten. Lehrkräfte werden gar nicht wahrgenommen, Gegenstände fliegen zielgerichtet gegen Lehrkräfte durch die Klassen, Anweisungen werden ignoriert. Einige Kolleg/innen gehen nur noch mit dem Handy in bestimmte Klassen, damit sie über Funk Hilfe holen können.«

So heißt es in dem Brief. Das Brodeln in den Klassen der Platanen-Schule ist Vorbote für solches Verhalten.

Auch bei Rütli war die Schulleiterin seit Anfang des Schuljahres durch Krankheit ausgefallen, auch dort wurde im Dezember eine kommissarische Schulleiterin aus dem Kreis des Lehrkörpers ernannt. Auch Rütli benannte ein bekanntes Problem: »Von den Eltern bekamen wir bisher wenig Unterstützung in unserem Bemühen, Normen und Regeln durchzusetzen. Termine werden nicht wahrgenommen, Telefonate scheitern am mangelnden Sprachverständnis. Wir sind ratlos.«

Und auch dort stellte man die Frage, die den Pädagogen in Ostende ebenfalls Sorge bereitet: »Welchen Sinn macht es, dass in einer Schule alle Schüler/innen gesammelt werden, die weder von den Eltern noch von der Wirtschaft Perspektiven aufgezeigt bekommen, um ihr Leben sinnvoll gestalten zu können? Kurzfristig brauchen wir eine Erhöhung der Ausstattung mit Lehrer/innen, um Ruhe in den Schulalltag zu bringen. Wir brauchen die tägliche Präsenz einer Fachkraft, die uns bei Deeskalation und Kriseninterventíon hilft.«

Wie es mit Rütli weiterging, ist bekannt: zunächst Ausnahmezustand, Belagerung durch die Pressemeute, dann neuer Rektor, einige ausgebrannte Lehrerinnen und Lehrer wurden ausgetauscht. Heute gibt es einen Wachschutz, drei interkulturelle Moderatoren, Streitschlichter. Die Rütli-Schule hat ein eigenes Modelabel »Rütli Wear«, es gibt Kurse für Hip-Hop, Kunst, Theater, Trommeln. Und jetzt entsteht das bundesweit einmalige Vorzeigeprojekt »Campus Rütli«: auf 48 000 Quadratmetern komplette Betreuungs- und Bildungsangebote für 1400 Kinder und Jugendliche.

Etwas Entscheidendes unterschied die Rütli-Schule von der Platane. Sie lag in Berlin, der Brandbrief erreichte die Medien und die Politik sah sich gezwungen, zu reagieren. In Neuenthal dagegen erhielten die Platanen-Lehrerinnen und -Lehrer folgende Antwort:

Sehr geehrte Damen und Herren,

in Ihrem Schreiben teilen Sie mir mit, dass die Unterzeichner ihre Versetzung beantragen würden, falls die Personalsache nicht in ihrem Sinne gelöst werde.

Bevor ich dies dienstrechtlich werte, gebe ich Ihnen Gelegenheit, zu reflektieren, inwieweit eine solche Aussage, mit der Sie versuchen, mich als obere Schulaufsicht unter Druck zu setzen, angemessen ist.

Mit freundlichen Grüßen
Im Auftrag

Das sah nicht gut aus. Und es würde nicht besser werden. Kurt und Anna wollten sich versetzen lassen, Regine in Pension gehen, Nikola ihren Mutterschaftsurlaub antreten, und auch Sandra war inzwischen schwanger. Zum ersten Mal dachte Karin daran, sich nach einem anderen Wirkungsfeld umzusehen. Aber bei dem Gedanken blieb es. Sie war bequemer geworden und hatte Angst vor all dem Unbekannten, das ein Wechsel mit sich bringen würde.

Anfang Mai traf dann ein Schreiben des Schulamtsdirektors in der Platanen-Grundschule ein:

Betreff: Leseleistungen der Kinder der Platanen-Grundschule

Sehr geehrter Herr Weller,

aufgrund der Ergebnisse der ersten Vergleichsarbeiten (VERA) an Ihrer Schule sowie der Erkenntnisse aus der Dienstbesprechung zum Förderkonzept ergibt sich schulaufsichtlich die Notwendigkeit, mehr über die Arbeitsweise der Lehrerinnen und Lehrer zum Fach Lesen zu erfahren, um eine fachlich tief greifende Beratung Ihres Systems zu ermöglichen.

Die vorgelegten VERA-Ergebnisse stehen im völligen Kontrast zu den erwarteten Leistungen der Kinder, obwohl Ihre Schule seit Jahren erhebliche zusätzliche Personalressourcen erhält (im laufenden Schuljahr 8,45 Stellen) und in fachliche Unterstützungsprojekte (z. B. Schubile) eingebunden ist. Das von Ihnen vorgelegte Förderkonzept geht nicht auf die vorgenannten Ergebnisse der Lernstandskontrolle ein.

Für den nächsten Zeitraum kündige ich hiermit Unterrichtsbesuche für alle Lehrerinnen und Lehrer an, die das Fach Lesen erteilen. Das Kollegium des Schulamtes für die Stadt Neuenthal wird an diesem Tag in Zweierteams alle Klassen besuchen, um mit dieser Anamnese Grundlagen für eine Systemberatung zu schaffen. Da sich die Einsichtnahme in den Unterricht auf das Fach Lesen bezieht, bitte ich alle Lehrkräfte, einen solchen Unterricht zu planen, der Einblicke in die Lesefähigkeit der Kinder ermöglicht sowie die Lesemethoden und lesedidaktischen Intentionen der Lehrkraft erkennen lässt.

Das Schulrätekollegium wird nach der Auswertung der Einsichtnahme eine Systemberatung vornehmen. Der Termin wird mit Ihnen abgesprochen.

Zur Vorbereitung der Einsichtnahme bitte ich um eine detaillierte Leistungsbewertung aller Schüler und um ein Konzept, aus dem hervorgeht, nach welchen lesetheoretisch-fachlichen Vorstellungen der Unterricht strukturiert wird:

Mit freundlichen Grüßen
Jahnke

Dieser Brief markierte für alle Seiten eine Zäsur. Denn jetzt ging es nicht mehr nur um Ankündigungen und Drohungen, um alte und neue Vorgesetzte, sondern um konkrete Maßnahmen, um direkte Kontrolle. Um einen unmittelbaren Eingriff von außen, den das Kollegium der »Platane« nicht nur als Vertrauensbruch, als unangemessen und in seiner Konsequenz wirkungslos empfand, sondern vor allem als Einmischung in eine Welt, zu der sie selbst und, trotz aller Widrigkeiten, auch ihre Schüler nur allein gehörten und in der sie sich bestens auskannten – wer denn sonst? Und genau diese Welt sollte jetzt endgültig zur Implosion gebracht werden, so empfanden sie das.

14

IM MAI WAR ZUM zweiten Mal VERA fällig. Ich hatte keine Ahnung, was das sein könnte, als ich an einem späten Nachmittag bei Karin aufkreuzte und sie mit hektischen roten Flecken im Gesicht vor dem Computer sitzen sah. Sie erklärte mir das Unterfangen, und auf meinen bissigen Kommentar (was man mit diesem Geld alles anstellen könnte!) sagte sie nur:

»Kannst dir jedes Wort schenken, unsere Devise ist: Ohren angelegt und durch. Bitte, mach uns einen Tee, ich hab noch eine halbe Stunde zu tun, dann fahren wir zum ›Seesternchen‹ an den Schäfersee, ja?«, bat sie, und ich verzog mich in ihre Küche.

Das Projekt VERA heißt ausgeschrieben »Vergleichsarbeiten in der Grundschule« und ist laut Amtsdeutsch eine flächendeckende Lernstandserhebung, die in den teilnehmenden Bundesländern am Ende der dritten Klassenstufe in den Fächern Mathematik und Deutsch durchgeführt wird.

Karins Kinder waren zwar erst in der zweiten Klasse, aber da sie Fachbereichsleiterin für Mathematik an ihrer Schule war, musste sie sich damit befassen.

VERA Mathe geht also wie folgt: Innerhalb einer vorgegebenen Zeit müssen die Kinder Aufgaben aus den Bereichen Grundrechenarten, räumliches Vorstellungsvermögen, Geometrie und Sachrechnen lösen.

Im Fach Deutsch erhalten sie einen Aufgabenkatalog, der zu neunzig Prozent aus Ankreuzverfahren besteht; ähnlich wie bei der Fahrschulprüfung können mehrere Antworten richtig sein. Eigene Gedanken zu notieren ist ebenfalls möglich, kommt aber bei Kindern der Platanen-Schule nur als Ausnahme vor. Der Test will die Lesefähigkeiten der Schüler prüfen. Sie müssen aus einem Text Informationen filtern und wiedergeben. In einem Grammatikteil gilt es, Verben, Adjektive und Nomen zu erkennen, zum Beispiel: Der Schlaf ist das Nomen, wie heißt das passende Verb dazu? Schlafen, richtig. Und das Adjektiv? Schläfrig.

Die Unterlagen entnehmen die Lehrkräfte zwei oder drei Tage zuvor dem Internet, in das sie sich mit einem Passwort einloggen. Und irgendwann gibt es – ebenfalls im Internet – die Rückmeldung, wie jeder Schüler, der durch eine Nummer gekennzeichnet ist, innerhalb der Klasse, der Schule, der Stadt, des Landes mit seinen Leistungen steht. Das heißt, im Internet stehen kryptische Grafiken und Diagramme, unterteilt in »nicht auswertbar«, »Niveau 1«, »Niveau 2«, »Niveau 3«. Karin zeigte mir an ihrem Computer eine solche Grafik vom Vorjahr für Mathe. Von einer Klasse mit 24 Kindern fehlten fünf, von weiteren fünf waren der eine oder andere im Bereich »nicht auswertbar«.

Aufgabe der Lehrerinnen und Lehrer war es dann, für jedes Kind eine Förderakte und einen individuellen Förderplan zu erstellen.

Der individuelle Förderplan sieht die Förderschwerpunkte vor mit den Rubriken: Förderbereich / Das gelingt schon / Das fällt auf / Förderziel / Fördermaterialien.

Maßgeschneiderte Lernförderung jedes einzelnen Kindes ist keine neue Erfindung, darüber debattieren Erziehungswissenschaftler, Pädagogen, Psychologen schon lange. Ein individuelles Fördersystem ist zum Beispiel ein Mosaikstein im Erfolg des finnischen Modells. Sicherlich hat kein engagierter Lehrer etwas gegen so ein individuelles Kompetenzportfolio einzuwenden. Aber haben unsere Lehrkräfte auch so viel Zeit wie beispielsweise ihre finnischen Kollegen? Dort geht es um einzelne

Schüler, die besonderer Hilfe bedürfen, an der Platanen-Schule betrifft es die Mehrheit einer jeden Klasse. In Finnland spielt sich das Lernen in echten Ganztagsschulen ab – in denen sich Teams besser organisieren, flexibler abstimmen und intensiver miteinander kommunizieren können. Hierzulande nur in Unterrichtsstunden am Vormittag.

An finnischen Schulen tritt eine Spezialkonferenz zusammen, bestehend aus Klassenlehrerin, Fachlehrerin, der Schulschwester, einer Kuratorin, einer Psychologin, einer Speziallehrerin, wenn ein Kind Lernschwierigkeiten hat. Hier aber arbeitet jeder Pädagoge nach dem Unterricht allein zu Hause, im besten Fall, wie bei Karin, unterstützt von einem Kollegium und einer Sonderpädagogin. Aber auch deren Kräfte sind nicht dehnbar wie ein Gummiband.

Eine Stunde später saßen wir am Schäfersee, Salat und Radler vor uns. Es war ein schöner Frühsommerabend. Die Sonne ging gerade unter, auf dem See blinkten ein paar Segel. Wir starrten wortlos auf den See. Ich sah Karin an, die ihren Gedanken nachhing.

»Sag mal, wann wollen diese Schulräte denn bei euch anrücken?«, fragte ich in die Stille.

»Ende Juni, aber Kurt hat mithilfe des Personalrats erreicht, dass sie erst im neuen Schuljahr kommen. Auch die Gewerkschaft hat sich eingeschaltet und versucht, den Dezernenten klarzumachen, dass ein solcher Überfall überzogen sei. Wir haben also die großen Ferien, um uns vorzubereiten.«

Und Angst zu haben. Aber das sagte ich nicht. Fragte stattdessen: »Was ist das eigentlich für ein Mensch, dieser Jahnke?«

»Irgendjemand wusste zu berichten, er komme aus einfachen Verhältnissen und sei sehr stolz auf seinen Aufstieg. Dagegen ist ja auch nichts einzuwenden. Aber er ist der Meinung, jeder könne nach oben, man müsse es nur wollen und dürfe nicht zimperlich sein.« Das sprach sie in schönstem Ruhrpott-Slang. »In den Lehrerzimmern heißt er Leuchtturm, weil er nicht zu übersehen ist: groß, stattlich, Glatze. Vermutlich tut er viel, um sein Gewicht zu halten. Und weil er offenbar keine Lust hat, allmorgendlich seine Garderobe immer wieder neu zusammenzustellen, hat er sich irgendwann für eine Konstante entschieden: dunkelblauer Anzug, hellblaues Hemd – davon muss er etliche besitzen und alle aus feinen Stöffchen. Vielleicht weicht seine Frau das Prinzip auf, indem sie ihm immer neue, schrille Krawatten kauft. Es gibt übrigens einige Lehrerinnen, die ihn attraktiv finden.«

Karin guckte einen Moment in die letzten Sonnenstrahlen, die am gegenüberliegenden Seeufer die Wipfel berührten. Dann seufzte sie: »Der Kerl ist derart eloquent – wir sind ihm rhetorisch alle nicht gewachsen. Sogar Nikola, die in ihrer Funktion als Konrektorin gut mit ihm ausgekommen ist, hat mal gestanden: Wenn ich vor ihm stehe, hab ich das Gefühl, ich sag was Falsches, sehe falsch aus, mache was Falsches. So einen Eindruck vermittelt der. Wenn der redet, fühlt man sich einfach wie das Kaninchen vor der Schlange.«

15

Im März hatte Kurt Weller zum Schuljahresende um seine Versetzung gebeten. Anfang Juni stellte sich Frau Göbel als seine Nachfolgerin dem Kollegium vor. »Klein und handfest, sehr freundlich, aber knallhart«, so beschrieb Anna die neue Chefin.

Frau Göbel dankte in einer Lehrerkonferenz Herrn Weller für dessen Hilfe bei der Einarbeitung, verlieh ihrem Optimismus Ausdruck, dass das Kollegium und sie gut zusammenarbeiten würden und – das mit einem Blick zu Anna – dass sich der eine oder die andere noch mal überlegen solle, vielleicht doch an der Platanen-Schule zu bleiben.

»Nee«, murmelte Anna zu Karin, »der Zug ist abgefahren, wer weiß, was man mit der noch erlebt. Sie macht einen sehr verbindlichen Eindruck, aber es macht mich skeptisch, wenn jemand zwei Schulen leiten will.«

»Woher kennst du sie denn?«, wollte Karin wissen.

Anna erzählte, sie sei im Winter mal mit Nikola auf einer Schulleitersitzung gewesen. »Nikola wollte nicht gern alleine hingehen, und dummerweise stand ich gerade rum.«

Auf dieser Sitzung hätten Frau Göbel und eine andere Rektorin neben Herrn Jahnke gesessen, er, wie immer, im guten Zwirn, die beiden Damen in feinen Kostümen, und sie hätten wunderbare Vorschläge unterbreitet, wie man Unterricht verbessern könne. In den Pausen sei Anna und Nikola aufgefallen, dass die versammelten Schulleiter und Schulleiterinnen das Gesprächsthema ins Belanglose gleiten ließen, sobald sich eine der beiden Damen auf sie zubewegte. Sie schienen eine exponierte Stellung im Dunstkreis von Herrn Jahnke einzunehmen.

Frau Göbel geriet für Karin und die anderen erst mal in den Hintergrund. Es galt, Zeugnisse zu schreiben, den Schuljahresabschluss vorzubereiten, eine Ausstellung mit Bildern und Geschichten der Kinder im evangelischen Gemeindezentrum am Markt zu organisieren. Auch daran hatte Karin kräftig mitgewirkt, und die Ausstellung fand viel Anklang über den Stadtbezirk hinaus. Karin besuchte seit einiger Zeit einen Zeichenzirkel, nicht nur zu ihrem Vergnügen, sondern hauptsächlich, um Anregungen für die Kinder zu bekommen. Ein Flohmarkt, auf dem die Kinder Gebasteltes und Spielzeug anboten, hatte den Kindern ebenfalls Freude gemacht, ihr Selbstbewusstsein gestärkt und die Klassenkassen gefüllt.

Am letzten Schultag war das Kollegium in ein Lokal zum Essen gegangen. Kurt hatte einen Abschied abgelehnt, wie er sonst Kolleginnen und Kollegen mit Liedern, Gedichten und Geschenken bereitet wurde, vielleicht fürchtete er sich vor Sentimentalitäten. Karin hatte unzählige solcher Abschieds- und Geburtstagsgedichte und -lieder verfasst. Wenn andere am Schuljahresende nur noch an Ferien dachten, raffte sie sich auf, organisierte Treffen, besorgte Geschenke, dichtete. Und obwohl die Mannschaft traurig war über den Weggang lieb gewordener Menschen, haben sie auch herzhaft gelacht. Nicht zuletzt dank der witzigen Schulsekretärin, einem rheinischen Original. Unvergessen ihr Ausspruch Anna gegenüber: »Ich kann Ihnen sagen, watt Se machen müssen, wenn Se hier schnell rauswollen: Einmal nackt übern Flur laufen, und Se ham de Pension sofort durch!«

Aber nun hatte Anna es ja geschafft, ohne sich öffentlich zu entkleiden.

In jenem Sommer verreisten wir nicht gemeinsam. Ich radelte zwei Wochen lang mit Frank durch Schleswig-Holstein, und Karin flog nach Mallorca. Sabine war mit ihrer Familie dort,

Karin hatte sich in einem benachbarten Hotel einquartiert und viel Zeit mit ihnen verbracht. Besonders die beiden Kinder fühlten sich wohl in Karins Nähe, sie überraschte sie mit lustigen Abenteuern und aufregenden Ausflügen. Sabines Tochter durfte manchmal daheim in Neuenthal bei Karin übernachten, das nannten die beiden ihren »Mädchenabend«. Karin hortete auf ihrem Dachboden eine Menge Spielzeug, sodass sich kleine Besucher nie bei ihr langweilten. Auch sie erlebte diese Ferien also wie einen Familienurlaub.

Im August trafen wir uns wieder in der Stadt. Im bevorstehenden neuen Schuljahr würden etliche junge Lehrerinnen und Lehrer neu hinzukommen, das alte Kollegium würde sehr geschrumpft sein: Kurt und Anna arbeiteten an anderen Schulen, Nikola und Sandra sahen zu Hause ihren Mutterfreuden entgegen, Regina und ihr Mann planten ihre Zeit nun als Pensionäre.

Es blieben vom alten Freundeskreis Karin, Sabine, Norbert und Stefan. Sie verabredeten sich an manchem Sonntag zum Frühstück, um sich auf die Inspektion durch Schulrat Jahnke vorzubereiten. Nikola kam oft aus alter Anhänglichkeit und Freundschaft dazu.

Sie wussten noch nicht, wann die Schulräte bei ihnen aufkreuzen würden, aber dass sie aufkreuzen würden, stand fest.

Die Zeit bis zum Schuljahresbeginn verbrachten sie damit, Angst zu haben. Das heißt, Karin hatte Angst. Norbert gab sich zumindest gelassen, Sabine und Stefan, die Pragmatischen, schüttelten das ab und versuchten, die beiden anderen aufzubauen:

»Ihr seid Beamte, was soll euch denn passieren? Natürlich ist so ein Besuch auch für uns Stress, aber davon hängt doch nicht das Leben ab!«

Mir gegenüber räumte Sabine allerdings ein:

»Karins Klasse ist so schwierig wie keine zuvor, das hat dieser ganze VERA-Quatsch nun auch für Außenstehende bewiesen. Und wenn ich weiß, die Kinder sind nicht gut, die Ergebnisse sind nicht gut, und das will jemand schwarz auf weiß festhalten, noch dazu einer, den wir unerträglich finden, baut sich enorm viel Stress auf. Ich verstehe Karin. Andererseits kann sie gut mit ihren Schülerinnen und Schülern umgehen. Und die Kinder lieben sie.«

Woher rührte ihre Angst?

Ich hatte einmal mit meinem Bruder darüber gesprochen, der nicht weit von Neuenthal wohnt. Franz ist fünf Jahre jünger als ich, Rektor einer Grundschule.

»Lehrer sind Einzelkämpfer«, hatte Franz erklärt. »Als Lehrkraft orientiert man sich kurz im Lehrerzimmer, dort herrscht stets ein fürchterliches Gewusel. Man bereitet etwas vor, steht Schlange am Kopierer, dann geht's ab in die Klasse, und die Tür ist zu. Für gut zwei Stunden muss man alleine fertig werden. In der Pause trinkt man 'ne Tasse Kaffee, vielleicht wird man von einer Kollegin oder einem Kollegen doof angemacht, weil ›deine‹ Kinder irgendwas im Fachunterricht gemacht oder nicht gemacht haben, darüber tauscht man sich kurz aus, aber letztendlich ist man unkontrolliert auf sich gestellt. Das mag eine Erklärung sein, eine andere hab ich nicht.«

Sieh an, mein kleiner Bruder, den ich bis dahin nur zupackend und optimistisch kannte, wurde ehrlich sich selbst gegenüber:

»Wir Lehrer haben einen schlechten Ruf, weil wir alles besser wissen, und wir setzen uns in der Klasse auch durch. Aber gegenüber der Obrigkeit ziehen wir den Kopf ein. Vielleicht sind wir auch zu belastet, um uns zu organisieren. Ich spüre doch am eigenen Leib, wie aufwendig die Gewerkschafts- und Personalratsarbeit ist. Ich schaffe das nur, weil Melanie mitzieht und wir uns Emmas Erziehung teilen. Aber es wird immer schwieriger, jemanden zu finden, der sich in der Gewerkschaft engagiert oder im Personalrat mitarbeitet, also der sich für die anderen einsetzt.«

Hatten andere eine andere Erklärung für die Angst? Herrschte in anderen Bundesländern ein entspannteres Klima?

Meine Freundin Barbara unterrichtet seit vielen Jahren an einer Förderschule in Stuttgart. Sie ist klug, couragiert, aufgeschlossen.

Ich schickte ihr eine E-Mail. Ihre Antwort kam prompt:

Liebe Eleonora,

da sprichst du ein heikles Thema an. Die gefürchteten Schulratsbesuche hat es in den letzten Jahren in Baden-Württemberg nicht mehr gegeben. Diese Aufgabe hatten die Schulleiter/innen übernommen; sie wohnten alle fünf Jahre einer Unterrichtsstunde bei und schrieben danach eine sogenannte »Regelbeurteilung«. Für uns über Fünfzigjährige galt jedoch eine Art Altersamnestie, wir wurden von solchen Besuchen verschont. Mit dieser Regelung war natürlich viel Brisanz aus der Sache raus, weil kein Schulleiter und keine Schulleiterin es gewagt hat, einen Kollegen oder eine Kollegin, die selten fehlte und sich in der Schule engagierte, schlecht zu beurteilen.

Mit der ganzen Evaluation und dem Besuch von »Fremdevaluatoren« ist das jetzt natürlich ganz anders. Ein Freund von uns geht sogar ein Jahr früher in den Ruhestand, weil er sich diesem Zauber nicht mehr aussetzen möchte.

Das vorherrschende Gefühl bei Schulratsbesuchen, wie ich sie noch erleben durfte, waren zum einen die Angst vor dem »Nicht-genügen-Können« und zum anderen das Ausgeliefertsein.

Keine Lehrerin und kein Lehrer kann bei noch so guter Vorbereitung einlösen, was in den »Kriterien der Unterrichtsbeobachtung« (kann ich dir gerne schicken, wenn sie dich interessieren) formuliert wird! Es wird in der Hochschul- und später der Seminarausbildung ein riesiger pädagogischer Popanz aufgebaut, ein schöner Schein dessen, was möglich wäre. Im Alltagsgetümmel des Unterrichts sieht das allerdings ganz anders aus. Man geht davon aus, dass Pädagogen ohne Mühe täglich Schwarzwälder Kirschtorte servieren; jeder, der in der Praxis steht, weiß, dass mit einem guten Marmorkuchen schon viel geleistet ist – also mit gewissenhafter Vorbereitung, guten Lernmaterialien, Humor und Verständnis für die Kinder und Jugendlichen, die man unterrichtet, und wenn man nicht bei jedem Bauchzwicken bzw. leichter Schwangerschaftsübelkeit fehlt.

Bei unseren früheren Schulratsbesuchen wusste man, selbst wenn man tagelang vorher für die Vorbereitung einer Superstunde rotierte: All das, was in der pädagogischen Theorie als notwendig erachtet wird, konnte man nicht erfüllen! Dazu kommt, dass es keine objektiven Kriterien für guten Unterricht gibt. Der eine Schulrat fand Frontalunterricht durchaus angemessen, der nächste sprach die Lerntheke und Freiarbeit heilig, und wehe, diese Formen kamen dann in der Unterrichtsstunde nicht vor. Der eine lobt ein strenges, konsequentes Verhalten gegenüber der Klasse, der andere sieht dies einer förderlichen Lernatmosphäre abträglich.

Deshalb das Gefühl von Ausgeliefertsein: Wie wird meine Stunde beurteilt werden? Sieht der beurteilende Schulrat (es waren ausnahmslos ältere Herren), wie sorgfältig die Stunde geplant ist, oder verreißt er sie? Möglichkeiten lassen sich bei den vielfältigen Anforderungen hierzu immer finden!

Und dann natürlich auch das Ausgeliefertsein an die Klasse: Eine Stunde kann noch so gut durchdacht und geplant sein, wenn eine Klasse will, kann sie einen Lehrer völlig auflaufen lassen – sei es durch demonstratives Desinteresse oder durch störendes Verhalten. Die Kinder spüren natürlich, dass es sich um eine Prüfungssituation für die Lehrerin handelt.

Manchmal kommt noch ein guter Schuss Sexismus dazu – ohne dass dies jemals thematisiert wurde: Zeigt die zu beurteilende Kollegin angemessene Demutsgesten, hat sie einen hübschen Knackarsch und lächelt charmant, oder ist sie eher von der spröden Sorte? So was kann für die Beurteilung des Unterrichts durchaus von Bedeutung sein – beweisen lässt sich das aber nicht!

Liebe Eleonora, während ich das schreibe, steigen in mir wieder die Gefühle hoch, die mit diesen Schulratsbesuchen verbunden waren. Als erwachsener Mensch in großer Angst vor der Beurteilung durch einen anderen vor der Klasse zu stehen (dazu einem, der oft schon jahrelang selbst keine Unterrichtsstunde mehr gehalten hatte): Das war wirklich unwürdig! Erfüllte aber vielleicht durchaus die eigentliche Absicht: Lehrerinnen und Lehrer klein und ängstlich zu halten und zu gefügigen Beamten zu machen!

Dabei kann Evaluation hilfreich sein, wenn dahinter die Absicht steht, den Unterricht zu verbessern. Mit konstruktiver Kritik im richtigen Rahmen und in entspanntem Ton kann sie durchaus Anstoß für ein träges Kollegium sein.

Ich schrieb zurück:

Danke, liebe Barbara, für die schnelle und ausführliche Antwort. Ich las neulich von einer Schule, in der es üblich ist, dass sich Pädagogen gegenseitig im Unterricht beobachten und danach ihre Eindrücke besprechen. Wäre das eine Möglichkeit, die offenbar allgemein ausbrechende Panik bei Ankündigungen von Schulratsbesuchen zu verhindern?

Irgendwann hatte Barbara mal erwähnt, dass jetzt an ihrer Schule für geistig und körperlich behinderte Kinder und Jugendliche die Türen immer offen stünden. Politisch seien diese separierenden Schulen zwar in die Kritik geraten, was sie sogar nachvollziehen könne. Andererseits erlebe sie den Schulalltag als entlastend und sogar wegweisend für das allgemeine Schulsystem. Diese Einrichtungen sind in Baden-Württemberg allesamt Ganztagsschulen, der 45-Minuten-Takt ist aufgehoben, Frühstück und Mittagessen nehmen Lehrer und Schüler gemeinsam ein, durch freie Gestaltungszeiten wird der Tagesablauf entspannt, es bleibt Zeit für Gespräche mit den Kindern über das, was sie freut und bekümmert.

»Ich erlebe es als außerordentlich positiv, dass wir im Team unterrichten, dass unterschiedliche Professionen vertreten sind und die Klassenzimmertüren offen stehen – sei es für Eltern, die sehen wollen, wie ihr Kind gefördert wird, sei es für Praktikanten und für Schüler, die sich über soziale Berufe informieren wollen. Insofern, liebe Eleonora, stimmen diese Erfahrungen an meiner jetzigen Schule mit dem überein, was Du vermutest:

Wenn Öffnung von Schule und Unterricht zur Normalität wird – und das nicht nur an wenigen Tagen im Schuljahr für ein Evaluationsteam –, ist schon ein großer Schritt hin zum Ziel getan. Natürlich muss man dabei bedenken, dass Menschen Kritik nur dann annehmen können, wenn sie wissen, der/die andere steht ihnen wohlwollend und fördernd gegenüber.«

Wie gut sich das liest! Ich hatte Barbara auch nie so müde und ausgelaugt erlebt, wie ich zuweilen Karin oder Anna erlebt hatte.

Karin hatte zwar immer wieder Studenten, Lehramtsanwärter oder andere Kolleginnen und Kollegen in der Klasse, aber die haben nie ihre Arbeit bewertet. Im Gegenteil, die Jungen konnten viel von ihr lernen, das bestätigten sie auch. Vielleicht wäre es besser gewesen, sie hätten konstruktive Kritik geübt. Dann hätte sich Karin daran gewöhnt, wie ihre Schüler ab und zu eine Note zu bekommen.

Ich sprach darüber mal mit Nikola, deren Ausbildung erst acht Jahre zurücklag, die Neuerungen gegenüber durchaus aufgeschlossen ist, sogar sie hatte gestanden:

»Sicher wäre das eine Möglichkeit, diese Beklemmung, die sich bei einigen bis zur Panik steigern kann, zu nehmen. Wir sind es ja nicht gewohnt, beobachtet zu werden, deshalb ist es auch für mich als junge Lehrerin so unangenehm. Ich war nach meiner Ausbildung froh, wenn ich die Tür hinter mir und der Klasse schließen konnte. Es läuft doch nicht alles so ideal, wie man es gern hätte und wie sich andere Leute das vorstellen. Man kann dem Anspruch, hundertprozentig vorbereitet und gut zu sein, nicht immer gerecht werden. Wird man dabei ertappt, dass es einmal nur siebzig Prozent sind, ist das eben belastend. Und wenn dann diese Angst auf einen bestimmten Menschen, in diesem Fall Herrn Jahnke, fokussiert ist – das steckt so tief, das kann man nicht wegstecken.«

Wieder einmal verglich ich meine Arbeit mit der eines Lehrers oder einer Lehrerin, mit denen ich mich offensichtlich gerne umgab.

Fotografieren, so dachte ich, ist zwar auch ein einsames Geschäft, aber das Ergebnis spüre ich unmittelbar: Entweder eine Redaktion kauft meine Fotos oder eben nicht. Das bedeutet nicht nur, Geld auf dem Konto oder nicht, sondern auch Anerkennung meiner Arbeit oder nicht. Im günstigsten Fall teilt man mir mit, was an den Fotos nicht passt: altmodische oder zu moderne Fotosprache, eine abgebildete Person sei aus irgendwelchen Gründen gerade nicht opportun, und manchmal, wenn ich Fotos unverbindlich einer Redaktion angeboten habe, liegen ökonomische Gründe vor – man verwendet billigeres oder gar kostenloses Agenturmaterial oder nimmt Fotos von Kollegen, die einen Pauschalvertrag haben.

Wie auch immer, eine Ablehnung ist zwar schmerzlich für mich und mein Konto, sie kratzt aber nicht so unmittelbar an meinem Selbstbewusstsein. Dieser unbedingte Sparwahn auf Kosten der Qualität bringt mich eher in Wut.

Pädagogen sind auf andere Art Einzelkämpfer. Und vielleicht sind besonders jene, die vor zwanzig, dreißig Jahren unter anderen gesellschaftlichen Bedingungen ausgebildet worden sind, so zermürbt, dass sie Verbesserungen nicht mehr erkennen, sondern nur noch als Schikane erleben. Und wenn sich diese Verbesserungen immer öfter als Scheinaktivitäten entpuppen, dann sehen sie nur noch zu, wie sie heil bis zur Rente oder wenigstens in deren Nähe kommen.

Passen sie sich dem ständig sinkenden Lernniveau der Kinder mit sinkenden Anforderungen an sich selbst an, wie die Schulbehörde dem Lehrkörper der Platanen-Grundschule vorwarf? Es stimmt, Karin äußerte mal, dass sie gar nicht mehr den Mut habe, sich an einer anderen Schule zu bewerben, weil sie befürchte, dem intellektuellen Niveau nicht mehr gewachsen zu sein. Hat sie mangelnde Qualität durch dieses hohe Engagement auszugleichen gesucht? Eine Qualität, die zwar zu Beginn ihrer beruflichen Laufbahn einen hohen Wert dargestellt hatte, die heute aber der Realität nicht mehr standhält? Ich habe von keiner Fortbildung für ältere Pädagogen gehört, die ihnen vermittelt, wie man Kinder unterrichtet, die mit sieben, acht Jahren in Sprechblasen reden – Kann ich'n Kakao? – statt in vollständigen Sätzen oder die diesen grauslichen Straßenslang annehmen: Eh, Alte, gib Kakao! Wenn ich eine Geschichte vortrage, muss ich jedes dritte Wort erklären, sagte mal eine Lehrerin. Es gibt keine oder nur vereinzelt mal eine Fortbildung, die vermittelt, wie man unwillige oder intellektuell unvermögende Eltern an ihre Erziehungspflichten gewöhnt.

Kürzlich las ich in der Zeitung, dass sich die 31 000-Einwohner-Stadt Oer-Erkenschwick ein Rabattmarkensystem für Eltern ausgedacht habe: Bis zu hundert Euro in Gutscheinen kann eine Familie verdienen, wenn sie vier Wochen lang ihre Kinder pünktlich weckt und in die Schule schickt (zehn Punkte), wenn sie täglich ein Essen auf den Tisch bringt (ebenfalls zehn Punkte), wenn sie sich in einem Volkshochschulkurs informiert, wie man Kinder erzieht, wenn man das Kind zum Kinderarzt bringt und andere Selbstverständlichkeiten mehr. Die Stadt will sich das rund 25 000 Euro kosten lassen, sofern sich das Land an den Kosten beteiligt.

Wenn man Eltern kaufen muss, damit sie ihrer Erziehungspflicht nachkommen, ist das nach meinem Verständnis von Demokratie eine Bankrotterklärung.

Aber zurück zu Fortbildungen. Natürlich bilden sich Lehrerinnen und Lehrer fort. Die meisten dieser Angebote richten sich aber auf Fremdsprachenerwerb, Musik und auf didaktische und methodische Dinge. Ob das eine Hilfe ist, wenn man die Aufsätze seiner Schüler kaum lesen kann?

Greta erzählte mal, dass sie an einer wunderbaren Schule, der eine wunderbare Rektorin vorstand, gearbeitet habe: Zwar waren neunzig Prozent Ausländerkinder, aber zusätzlich war die Schule ausgestattet mit Sonderpädagogen, dazu Studentinnen und anderen Kräften:

»In jeder Klasse saß ein Integrationshelfer. In einer ersten Klasse hatten wir ein Kind, das noch einnässte. Keine Lehrerin, die allein in der Klasse steht, kann jeden Tag mit einem Kind losrennen und dem 'ne frische Hose anziehen. In unserem Fall saß eine Studentin neben diesem Kind, wirkte beruhigend und ausgleichend und sorgte für frische Unterwäsche, wenn's nötig war. Sie bekam ein bisschen Geld dafür, konnte Praxis erleben, und allen war geholfen.«

Bleiben wir bei Greta: Nach dem Abi besuchte sie eine Pädagogische Hochschule. Weil damals dringend Lehrer gebraucht wurden, war sie in sechs Semestern fertig mit dem Studium.

»Ich hatte Glück, dass mir das lag – mit 22 Jahren stand ich vor 35 Erstklässlern und hatte von nix 'ne Ahnung.«

Und nun, mit 54, ist sie pensioniert. Hätte eine Supervision geholfen?

Die Frage ist hypothetisch, weil es keine von der Schulbehörde unterstützte Supervision gibt. Als ich mit meinem Bruder Franz mal drüber sprach, hat der gelacht, bestätigte, was ich schon mal gehört hatte.

»Gute Frage. Ist mir nicht bekannt. Es gibt in jeder Stadt eine regionale Schulberatung, das bedeutet, dass sich Lehrkräfte beraten lassen können. Aber das tun die wenigsten. Und auch ein privates Coaching nehmen die wenigsten in Anspruch, vielleicht, weil es zu teuer ist. Verbände und Gewerkschaften bieten gelegentlich so eine Veranstaltung an, wir organisieren gerade so etwas mit einer Supervisorin.«

Ich empfahl Karin, mit meinen Bruder zu reden, als ich spürte, dass die Angst sie immer mehr in den Griff nahm. Sie hatten sich mal bei mir anlässlich einer Geburtstagsfete kennengelernt und eine Weile miteinander geredet. Franz hatte ihr geraten, sich versetzen zu lassen, damals war das aber für sie noch nicht in Frage gekommen.

Sie rief ihn tatsächlich an in jenem kalten Sommer 2005 und fragte ihn, ob es an seiner Schule eine Möglichkeit für sie gebe. Er musste absagen. Mir gegenüber erwähnte er, dass der Zeitpunkt für eine Versetzung sehr ungünstig sei – in den umliegenden Orten habe sich das Gefühl breitgemacht, Sammelbecken für die Problemfälle aus Neuenthal zu sein – für ausgebrannte, nicht belastbare Pädagogen. Das hat er Karin natürlich so nicht gesagt. Aber er hatte versucht, sie aufzubauen, ihr Mut zu machen, ihr Selbstbewusstsein zu stärken. Im Notfall, so riet er, könne sie sich krankschreiben lassen.

Karin hatte auch mit einem Freund von Franz gesprochen; Heinz, ebenfalls Lehrer, ist Hauptpersonalrat und Öffentlichkeitssprecher eines GEW-Stadtverbandes. Der hatte ihr und dem gesamten Kollegium geraten, Protokoll zu führen, sich zusammenzuschließen. Haben sie ein Protokoll geführt? Ich glaube nicht.

Das Tief »Isidor« war vorüber, gefolgt von »Klausjürgen« und »Lars« aus Schottland, da schlossen sich Karin, Sabine, Stefan und Norbert in Nikolas Küche zusammen und besprachen die Ausarbeitungen ihrer jeweiligen Lese-Vorführstunde: wie sie die Leseentwicklung der Kinder darstellen, wie sie die Lernziele dieser bevorstehenden Stunde (»dreifach«!) skizziert, ihre »lesetheoretisch-fachlichen Vorstellungen« formuliert haben. Was einherging mit Gefluche und Gestöhn: Was solle man denn eine ganze Lesestunde vorführen? Lesen ist ein Bestandteil des laufenden Unterrichts, man liest mal gemeinsam, oder die Kinder kriegen ihrem Niveau entsprechend Leseaufträge oder Rätselblätter, auf denen sie Lösungen finden müssen, damit man sieht, ob sie den Text verstanden haben!

Karin hatte es besonders schwer mit ihrer zweiten Klasse. In der dritten und vierten können sie lesen, aber diese Spätleser, die am Ende des ersten Schuljahres mit Mühe und Not ein paar Wörter buchstabieren können! Tausendmal lieber hätte Karin Sachunterricht oder Mathe gemacht, hätte ihre wilde kleine Horde was Praktisches vorführen lassen, sodass sie sich zwischendurch in der Klasse bewegen können.

Sie berieten also bei Kaffee, Tee und Brötchen gemeinsam Ideen, Themen, Formulierungen, wühlten in Papier, stellten Material zusammen. Sie schimpften und lachten und machten sich gegenseitig Mut. Und irgendwer riet Karin sogar, den problematischsten Kindern an diesem Vorführtag freizugeben, um sich Stress zu ersparen. Das aber wies sie energisch von sich. Sie war davon überzeugt – wie übrigens auch Kurt Weller in seiner Zeit als Rektor –, es bringe nichts, irgendetwas zu vertuschen, es müsse endlich sichtbar werden, wie katastrophal der Zustand ist, damit sich etwas ändert.

16

Das Schuljahr – für Karins Kinder die zweite Klassenstufe – begann im August 2005 mit Neuerungen. Jeremy, Tom und Maik, die schlimmsten Störenfriede, saßen nun immer in ihrer Klasse. Nach Regines Pensionierung waren die Stunden für Sonderpädagogen offenbar gekürzt worden, oder es drängte sich keiner auf, an dieser Schule Dienst zu tun. Zu Karins Unterstützung kam jeweils dienstags Barbara Borg, eine Sonderpädagogin, die drei Unterrichtsstunden lang neben Jeremy oder Tom saß. Ich kannte Frau Borg vom Yoga, das ich eine Zeit lang betrieben hatte, eine energiegeladene, muntere Frau mit zwanzigjähriger Berufserfahrung.

Diese Klasse war eindeutig die problematischste der Schule. Besonders die drei Jungen verhielten sich aufsässig, und Metin und Cem erleichterten das Leben der Lehrerinnen auch nicht gerade. Bei einem der Sintimädchen musste, wenn es im November wiederkommen würde, geprüft werden, ob es lernbehindert und damit an dieser Schule ohnehin fehl am Platze sei.

Und dann gab es die neue Rektorin. Frau Göbel war mit der Ansage angetreten, dass sich an der Platanen-Schule unter ihrem Rektorat vieles ändern würde. Zunächst würde sie nicht nur dafür sorgen, dass einige Räume renoviert und modernisiert würden, sie kündigte an, mit der Universität auf dem Gebiet der Sprachförderung zusammenarbeiten zu wollen, mit dem Orchester der Konzerthalle und mit dem Salzburger Orff-Institut, um den musischen Unterricht zu verbessern. Das hörte sich vielversprechend an. Offenbar hatte Herr Jahnke in Frau Göbel eine Partnerin gefunden, die mit ihm auf Augenhöhe agierte.

Doch am Ende ihrer schwungvollen Antrittsrede legte Frau Göbel jedem Anwesenden des versammelten Kollegiums ein kopiertes Schreiben von Herrn Jahnke hin: »Protokoll der Besprechung des schulfachlichen Dienstbereichs: Entwicklung eines Programms zum Umgang mit Minderleister/-innen.«

Als mir Karin davon am Telefon spätabends berichtete, glaubte ich, nicht richtig zu hören:

»Halt mal – Umgang mit wem?«

Karin imitierte mit ihrer Stimme den arroganten Tonfall des Schreibens, das sie mir am Telefon vorlas.

»Hast du eben Minderleister gesagt?«, fragte ich nach. »Wer ist damit gemeint?«

»Na, wir Lehrer natürlich: Das ist doch kolossal aufmunternd!«

Peter Turrinis wütendes Theaterstück »Die Minderleister« fiel mir ein, das ich Anfang der Neunzigerjahre im Berliner Deutschen Theater gesehen hatte. Turrini nannte es einen streng formulierten Aufschrei gegenüber der unglaublichen Gleichgültigkeit, mit der wir die Ausgrenzung von Menschen vorbereiten. Bei ihm ging es um Stahlarbeiter. Nun also Pädagogen.

Karin las weiter vor:

»Folgende Vorgehensweise wird im Schulrätekollegium vereinbart:

1. Mit den Schulleitungen werden die anschließenden Verfahrensschritte vereinbart.
2. Sie klären das Anforderungsprofil für die pädagogische Arbeit mit den Lehrkräften.
3. In einem Personalentwicklungsgespräch werden Zielvereinbarungen getroffen. Das Gespräch führt die Schulleitung in Zusammenarbeit mit der Schulaufsicht.
4. Die Schulleitung kontrolliert, ob die Zielvereinbarungen

eingehalten werden. Sie wird auf Wunsch durch die Schulaufsicht unterstützt, z. B. durch Unterrichtseinsichtnahmen.
5. Bei fortdauernder Problematik wird die Bezirksregierung mit einbezogen.
6. Disziplinarische Konsequenzen werden mit der Bezirksregierung abgesprochen!

Beschluss: Einstimmigkeit
Gezeichnet Hartmut Jahnke

Ich schluckte. »Bis du noch dran?«, fragte Karin.

Karin, Sabine, Norbert und Stefan hatten zum Ferienende die Wünsche des Schulrats gemeinsam ausgearbeitet, formuliert, ausgedruckt. Karins achtseitiges Ergebnis machte was her:

Thema der Unterrichtsreihe: »Irma hat so große Füße« – handlungsorientiertes Nachempfinden des Bilderbuches von Ingrid und Dieter Schubert. Thema der Unterrichtsstunde: »Was bisher geschah« – Rekonstruktion des Geschehens im Buch anhand von Bildern und Zuordnen von Textteilen. Es folgten grundsätzliche theoretische Überlegungen zu ihrem Leseunterricht und ein allgemeines Resümee des ersten Schuljahres dieser Klasse, des Weiteren eine detaillierte Aufstellung, welches Kind was kann, woran es mangelt, wie sie seine Fähigkeiten und Fertigkeiten einschätzt. Demnach erfüllte mehr als die Hälfte der Kinder nicht die Minimalanforderungen. Die Spalte »Das fiel auf« bot ein trauriges Bild: A. verwechselt noch mehrere Buchstaben, S. kennt erst wenige Buchstaben sicher, F. kann längere Wörter noch nicht allein erfassen, C. entnimmt den Inhalt nicht immer genau, da er sehr schnell und oberflächlich liest, V. hat noch größere Sprachdefizite, die die Sinnentnahme erschweren. Bei den fünf Sintikindern, die erst im November kommen würden, würde das Ergebnis nicht viel anders aussehen.

Auf einer weiteren Seite hatte Karin die Lernziele für das zweite Schuljahr formuliert, die vor allem eine Steigerung des selbstständigen Lesens und der Leselust vorsahen. Auf den drei folgenden Seiten ging es um didaktisch-methodische Überlegungen zur geplanten Unterrichtsreihe. Die letzte Seite stellte den geplanten Unterrichtsverlauf dar:

Einstieg: Singen des Irma-Liedes; Sozialform: Schüler sitzen an ihren normalen Plätzen; didaktisch-methodischer Kommentar: Motivation, Einstimmen auf das Unterrichtsthema.

Aufgabenstellung: stummer Impuls: Bilder aus dem Buch liegen ungeordnet auf dem Overheadprojektor, Folien zu der Geschichte, Arbeitsblätter; Kommentar: mündlicher Sprachgebrauch, mündliches Erzählen unterstützt durch die Bilder, Einbinden des für das später zu leistende sinnentnehmende Lesen nötigen Wortmaterials.

Arbeitsphase: Schüler erhalten die differenzierten Arbeitsblätter, bearbeiten sie nach dem vermerkten Auftrag: Ausschneiden der Textteile, Zuordnen und Kleben, Lehrerin hilft den Schülern, die noch nicht lesen können, Schüler kontrollieren ihr Arbeitsergebnis mit Partnern ihrer Gruppe, üben mit dem Partner das Vorlesen ihres Textes; Kommentar: Festigung des Inhalts der Geschichte, Beachtung des individuellen Lernstands durch differenzierte Anforderungen, Durchführung von Lesestrategien durch Zuordnen von Bild/Text, Üben der Partnerarbeit.

Abschluss, Präsentation: Einige Schüler lesen ihr Arbeitsergebnis den anderen vor; Sozialform: Sitzkreis; Kommentar: Üben des sinngestaltenden Vorlesens, Wertschätzung der Arbeit der Kinder.

Mit einer Mischung von Stolz und Skepsis hatte mir Karin ihr Werk gezeigt. Ich konnte nachempfinden, wie viel Mühe dahinterstand. Nun aber, nach dem Erhalt des »Programms zum

Umgang mit Minderleistern« war ihre Stimmung mehr als gedämpft. Sie hatte Angst.

Ich hatte in jenen Spätsommertagen endlich mal wieder einen großen Auftrag und wenig Zeit für sie. Aber wenn wir miteinander telefonierten, und das taten wir fast jeden zweiten Tag, war der bevorstehende Schulratsbesuch Thema, und ich versuchte, sie aufzubauen: Du hast über zwanzigjährige Berufserfahrung, hast dir mit deinen Kolleginnen und Kollegen ein solides theoretisches Gerüst aufgebaut, an dem du dich entlanghangeln kannst, mit dieser Vorarbeit kann nichts schiefgehen, was soll dir denn passieren?

Ob es mir gelungen ist, sie zu beruhigen, weiß ich nicht, ich konnte ihren Gesichtsausdruck nicht sehen. Sie gab sich jedenfalls am Ende eines jeden Telefonats zuversichtlich. Aber das Wort »Minderleister« wird weiter in ihr rumort haben, wie es auch mich nicht losließ.

Im Jahr zuvor hatte ich in Berlin anlässlich des »Präventionstages« den Vortrag einer Professorin für Sprachphilosophie über Gewalt und Sprache gehört. Sie referierte über die Sprache als Medium von Gewalt: Worte seien die verbreitetste und am häufigsten eingesetzte Waffe, der Adressat sei immer eine Person, die damit moralisch verletzt werden könne. Und: »Diskriminierende Rede animiert nicht zum Weiterreden, zur Fortsetzung des Gesprächs, zum Dialog. Im Gegenteil: Verletzende Worte bringen die damit Angegriffenen häufig zum Verstummen oder – in einer Art von Gegenwehr – zum nonverbalen Gewaltausbruch. Der Adressat der Rede wird herabgesetzt, herabgewürdigt, gedemütigt.«

All das fiel mir ein, weil mir das Wort »Minderleister« seit jenem abendlichen Anruf von Karin im Kopf herumspukte.

17

An diesem Dienstag im September herrschte freundliches, ruhiges Altweibersommerwetter. Am Morgen schickte ich Karin eine Mutmacher-SMS, danach geriet sie aus meinem Kopf. Ich hatte den Tag in Köln verbracht, um ein magersüchtiges Mädchen zu fotografieren. Den Auftrag hatte mir eine Beratungsstelle erteilt, die Fotos für eine Aufklärungsbroschüre brauchte. Eine Stunde lang hatte ich mich mit diesem spindeldürren, egozentrischen Menschenkind warmgeredet, fast zwei weitere hatte sie vor meiner Linse posiert. Danach fühlte ich mich leer und ausgelaugt von dem Thema. Das dringende Bedürfnis, zunächst meinen Kühlschrank, dann meinen Magen zu füllen, trieb mich auf der Heimfahrt in einen Supermarkt. Da klingelte mein Handy. Karin, meldete mir das Display. Bevor ich irgendetwas sagen oder fragen konnte, schrie sie mir ins Ohr: »Ich hab total versagt, kann gar nichts, ich bin ein Niemand, ein Nichts! Ich hab alles falsch gemacht, mein ganzes Leben lang!«

»Aber was ist denn passiert? Beruhige dich doch mal!«, versuchte ich immer wieder, ihren verbalen Vulkanausbruch zu stoppen.

Sie schluchzte so verzweifelt, dass ich kein Wort mehr verstand. Es drang immer nur »Nichts« und »Niemand« durch das Heulen.

»Karin, ich bin jetzt im Supermarkt in der Hammerfeldstraße, ich kaufe fertig ein und komme zu dir, bist du zu Hause? Hörst du mich? Dann koche ich uns was, ich hab nämlich Riesenhunger, und du erzählst mir alles in Ruhe, okay?«

Sie schluchzte noch einmal jämmerlich, sagte etwas, was wie Zustimmung klang, und legte auf. Ich stand wie bekloppt vor dem Nudelregal und fing an, Tomatenmark zu suchen. Ich schnürte die Regale entlang.

Es gibt Situationen und Geschehnisse, die kann man nicht erfinden, die passieren einfach. Wie ich beim Reis angelangt war, bog Barbara Borg um die Ecke, jene Frau, die ich vom Yoga-Kurs kannte und die seit drei Wochen stundenweise Karin beim Bändigen ihrer Klasse half.

»Frau Borg – Sie laufen mir ja vor die Füße, als hätte ich Sie gerufen!«

»Wie denn das?«, fragte sie verwundert.

»Eben rief mich Karin Hübner an, total aufgelöst, ich konnte überhaupt nicht verstehen, was los ist. Heute sind doch die Schulräte in die Platanen-Schule eingefallen, wissen Sie, wie das ausgegangen ist?«

»Total aufgelöst? Verstehe ich nicht«, sagte Frau Borg. »Wie das ausgegangen ist, weiß ich nicht. Ja, ich war in der Stunde in Frau Hübners Unterricht, ich fand ihn normal schwierig. Die Kinder dieser Klasse sind immer ein bisschen auffällig, sie stören und machen selten das, was man ihnen sagt.«

»Aber es muss doch etwas Außergewöhnliches passiert sein?«

»Außergewöhnlich? Nein. Es war offensichtlich, dass Frau Hübner sehr aufgeregt war, denn als sie zu Beginn mit den Kindern ein Lied gesungen hat, hat ihre Stimme gezittert. Aber Schulräte wissen doch, dass man unter dem Druck einer Beobachtung zuweilen nervös agiert. Daraus wird kein Mensch schließen, dass die zu beurteilende Person grundsätzlich unsicher ist! Bei unseren Schülern berücksichtigen wir doch auch eine Prüfungssituation!«

»War denn der Herr Jahnke in ihrer Klasse?«

»Nein, es waren eine freundliche Frau und ein eher zurückhaltender, ebenso freundlicher Herr gekommen. Die Kinder hatten vorher bereits eine Unterrichtsstunde bei Frau Hübner.

Da zwischen der ersten und der zweiten Stunde keine Pause ist, kamen die beiden einfach dazu und setzten sich auf die für sie vorgesehenen Plätze. Frau Hübner begrüßte sie an der Tür, stellte sie den Kindern vor als den angekündigten Besuch und setzte ihren Unterricht wie geplant fort.

Während des Unterrichts wollte die Schulrätin von mir Einzelheiten zur schriftlichen Vorbereitung wissen, das fand ich sehr störend, unprofessionell und unhöflich Frau Hübner gegenüber. Aber vielleicht wollte sie zeigen, dass sie nicht so auf jede Einzelheit guckt.«

»Blieben denn die Kinder alle ordentlich auf ihren Stühlen?«

»Die Tische hatten wir wie ein großes E aufgestellt, dazu einen Sechsertisch, an dem die Schulräte und ein paar Kinder saßen. Meine Aufgabe hatte ich darin gesehen, die beiden schwierigsten Jungen in Schach zu halten, also Jeremy, neben dem ich meistens sitze, und Tom. Jeremy machte Sperenzchen, wie immer – er setzte sich erst nach mehrmaliger Aufforderung hin, hörte nicht zu, die Arbeitsanweisungen musste ich für ihn wiederholen, und als Frau Hübner später einen Stuhlkreis bilden ließ, scherte er immer wieder aus. Ich half etwas, damit die Kinder ruhig blieben und sich nicht zankten. Am Ende der Stunde gab es ein ziemliches Tohuwabohu, aber das war alles nichts Besonders, für mich jedenfalls.«

»Und wie ging's dann weiter? Irgendwas muss meine Freundin doch total aus dem Konzept gebracht haben?«

»Also die Vorbereitung der Stunde kann so schlecht nicht gewesen sein, es gibt vier zweite Klassen, und alle vier Klassenleiter haben die Pläne gemeinsam ausgearbeitet.

Wie die Schulräte diese Stunde bewertet und gegenüber der Rektorin und Herrn Jahnke eingeschätzt haben, weiß ich allerdings nicht. Mir war auch nicht bewusst, wie angespannt Frau Hübner gewesen war. Das bekam ich erst mit, als ich sah, wie sie sich danach bemühte, die Fassung zu bewahren, um bis ins Lehrerzimmer zu kommen. Dort brach sie sofort in Tränen aus.«

Es scheint an dieser Schule öfter vorzukommen, dass eine Lehrerin heulend aus der Klasse läuft und von ihren Kolleginnen getröstet wird, dachte ich.

»Ich habe ihr Weinen eigentlich gar nicht verstanden. Und dass Sie sich auch jetzt noch nicht beruhigt hat, wie Sie sagen.«

Ich nickte, und sie sprach weiter:

»Sie ist doch ein Typ, der sich sehr zusammenreißen kann, die steht ihre Frau und lässt sich kaum was anmerken. Wahrscheinlich ist ihr Zusammenbruch auf die lange Anspannung vor diesem angekündigten Besuch zurückzuführen. Ich denke, Frau Hübner war mit der ganzen Situation überfordert, und nachdem die Anspannung vorbei war, brach sie zusammen.«

»Überfordert? Sie ist seit über zwanzig Jahren Lehrerin! Oder meinen Sie diesen Schulrats-Einfall?«

»Frau Hübner, die ich als eine ruhige, leise Lehrerin kennengelernt habe, ist gewohnt, in ihrer eigenen Klasse Regie zu führen, wie alle Grundschullehrer. Allerdings wird die Arbeit immer schwieriger, das ist hinlänglich bekannt. Voriges Jahr, als Frau Hübner diese erste Klasse übernommen hat, wurde sie von einer Kollegin, auch einer Sonderpädagogin, unterstützt.«

»Ja, ich habe sie kennengelernt, sie ist jetzt pensioniert.«

»Genau. Diese Kollegin, die viel mehr Stunden an der Schule war als ich, hat ihr im ersten Schuljahr stundenweise die schwierigen Kinder abgenommen und sie extra betreut. Jetzt, im zweiten Schuljahr, hat Frau Hübner alle Kinder in der Klasse, und es kommen mehrere Fachkräfte, um sie zu unterstützen: eine Sozialpädagogin, ich für drei Stunden in der Woche, im Winter eine Pädagogin, die zuständig für die Sintikinder ist. Das hört sich gut an, und sie hat diese Hilfe auch dankbar angenommen, aber zunächst bedeutet das Mehrarbeit. Schließlich will solche Hilfe koordiniert sein. Ich glaube, das ist für Frau Hübner noch ein Problem. Und vermutlich hatte sie in den drei Wochen seit den Ferien keine Zeit, sich auch darauf noch vorzubereiten. Ich hab das erst gar nicht so wahrgenommen, aber als ich sie heute gesehen habe, wurde mir klar, was sich angestaut hat: die Planung der Stunde, der tägliche Kampf mit diesen unberechenbaren Kindern, dieser Jeremy und dieser Tom sind ja wirklich speziell, dann die neue Rektorin.«

Sie senkte die Stimme, obwohl wir allein bei Nudeln und Reis in dem Gang standen:

»Vielleicht hat Frau Göbel erkannt, dass sie etwas überfordert ist.«

Und dann erzählte sie, dass sie, Barbara Borg, mit der Mutter eines schwierigen Knaben im Gespräch war und Karin Hübner ebenfalls mit ihr einen Termin vereinbart hatte.

»Da war ich schon ein bisschen angefressen, weil sie damit meine Arbeit irgendwie boykottiert hat. Aber vermutlich hat sie das in dem Moment nicht geregelt gekriegt.«

»Und wie ging's weiter?«

Ich wollte möglichst viel erfahren, bevor ich bei Karin aufkreuzte, um sie zu trösten. Und Barbara Borg sah keinen Grund für Zurückhaltung.

»Nach der Hofpause sollten die Kinder im Klassenraum frühstücken, danach wollte Frau Hübner mit ihnen einen Gang durch den Schulbezirk machen, damit sie die Gefahren auf dem Schulweg richtig einschätzen lernen. Weil sie sich nicht fassen konnte, hab ich gesagt, sie solle sich erst mal Zeit nehmen, um sich zu beruhigen, ich würde das Klassenzimmer aufschließen und die Kinder einlassen. Sie kam kurz darauf und übernahm die Klasse. Und da rastete Jeremy aus. Er hatte schon in der Frühstückspause andere Kinder geschubst und geschlagen. Ich hatte ihn am Arm festgehalten, weil er wieder auf ein Kind losstürzen wollte, da schrie er, völlig außer sich, ich hätte seinen

Pullover kaputt gemacht. Dann sollten sich die Kinder zu diesem Unterrichtsgang anstellen; Frau Hübner, inzwischen wieder gefasst, sortierte sie, Jeremy lief völlig aus dem Ruder. Ich hab ihm gedroht, wenn er sich nicht mit einem Partner aufstellt und ordentlich in einer Reihe mit den anderen läuft, müsse er in der Schule bleiben. Nach wenigen Metern fing das Kind wieder an zu schubsen und zu spucken. Da griff ich ihn, brachte ihn zurück in die Klasse und verschloss die Tür von innen. Er schrie wie am Spieß, trat und boxte gegen die Tür wie ein Irrer, vollkommen außer sich. Erst als er begriff, dass ich ihn nicht eher rauslassen würde, bis er sich beruhigt hatte, hörte er auf mit dem Geschrei. Dann hab ich versucht, vernünftig mit ihm zu sprechen. Er zeigte sogar Einsicht und so etwas wie Reue.

Als ich den Vorfall vorhin der Mutter berichtete, bestätigte sie mir, dass er sich auch zu Hause manchmal so aufführt, wenn er seinen Willen nicht bekommt. Demnächst werden wir in einer Konferenz beraten, wie es mit ihm weitergehen soll. Man muss der Mutter dringend empfehlen, einen Arzt aufzusuchen, um ihn untersuchen zu lassen. Bei ihm könnte ein klassischer Fall von ADHS vorliegen. Eine Diagnose, die häufig viel zu schnell gestellt wird, aber in diesem Fall…«

Frau Borg war in Fahrt geraten, und mir kam das gelegen, Karin erzählte viel zu wenig von den Konflikten ihres Arbeitsalltags.

»Tja, und das andere Problemkind ist Tom, mal abgesehen von den anderen leider schon zum Alltag gehörenden Problemfällen. Dieser Junge kann sich immer nur kurze Zeit konzentrieren. Anweisungen, die Frau Hübner der ganzen Klasse gibt, scheinen bei ihm nicht anzukommen. Er spricht nur in Ein- oder Zweiwort-Stummelsätzen, unterbricht seine Arbeit häufig, weiß dann nicht, wo er weitermachen muss, stört, indem er Papierschwalben durch die Klasse fliegen lässt, die Sachen seiner Banknachbarin wegschubst, dass sie runterfallen, er sucht ständig nach seinen Arbeitsmaterialien, die er nie vollständig mithat, mehr als zwei Stunden Unterricht verkraftet er nicht am Tag. Andererseits hat er mich in der Bewegungspause auf dem Hof damit überrascht, dass er sich an mich kuschelte und in den Arm genommen werden wollte. So ein Kind stört natürlich die Klasse extrem. Aber das wollten Sie ja eigentlich gar nicht wissen.«

Ich bedankte mich bei Frau Borg, und wir verabschiedeten uns mit dem Versprechen, uns bald wieder die Zeit für Yoga zu nehmen.

Karin sah schlimm aus. Die Augen verquollen und rotgeweint, von Make-up keine Spur mehr. Schon als ich sie begrüßte, brach sie wieder in Tränen aus. Die in den vergangenen Tagen nur mühsam aufrechterhaltene Fassade war zusammengefallen.

Ich ging mit meinen Einkäufen in ihre Küche und fing an, zu kochen, zuvor hatte ich uns einen Rotwein eingeschenkt. Viel hab ich nicht aus ihr rausbekommen, als wir dann vor den Spaghetti saßen. Aus ihren kümmerlichen, von unaufhörlichen Tränenrinnsalen begleiteten Sätzen konnte ich mir nur vage einen Reim machen.

Nach der fünften Unterrichtsstunde war sie zur sogenannten Systemberatung erschienen. Als solche hatten Frau Göbel und Herr Jahnke das Gespräch im Vorfeld deklariert. Ungefähr zehn Minuten dauerte das Zusammentreffen, in denen sich Karin mit zwei Vorwürfen konfrontiert sah: Ihrem Unterricht habe jedes Konzept gefehlt. Ihr gehe jede Sympathie für die Kinder ab; sie habe wie paralysiert gewirkt und die Kinder barsch angefahren.

Der erste Teil der Kritik war definitiv falsch – die anderen Klassenlehrerinnen und -lehrer hatten sich ja desselben Konzepts bedient: Zwei Kolleginnen hatten allerdings ihren Problemschülern freigegeben. Der zweite Teil des Urteils – sie würde den ihr anvertrauten Kindern ohne Sympathie begegnen – wirkte dagegen schlichtweg absurd. Nicht genug damit, diesem Urteil wurde ein Stempel aufgedrückt, der Karin bis tief ins Mark getroffen haben muss: »Minderleisterin«. Dieses Wort, das beim Lesen von Jahnkes Protokoll ihre Wut entfacht hatte, wirkte nun, auf sie angewandt, wie ein klassischer Knock-out. Wie bei einem Boxkampf, bei dem einer zu Boden geht und nach der vorgeschriebenen Zeit nicht wieder sicher auf den Beinen stehen kann, so hat sich Karin Hübner von diesem Schlag nie erholt. Ein solches Etikett klebt so fest wie Fliegenleim und kann einen Menschen für immer ruinieren.

Eine weitere Kollegin und zwei Kollegen, darunter Norbert, trafen ebenfalls derart harsche Urteile der Inspektoren und der Rektorin, und auch sie waren fortan als Minderleister abgestempelt. Ob die in dem Schulräte-Protokoll angedrohten Folgen in jenen Gesprächen thematisiert worden sind, weiß ich nicht. Das sollten sein: ganztägige Unterrichtseinsichtnahmen, Personalentwicklungsgespräche, gegebenenfalls disziplinarische Konsequenzen. Das Wort »Minderleister« sprach Karin übrigens weder an jenem Abend noch später mir gegenüber aus. Ich weiß nicht, ob sie es überhaupt jemals, auf sich bezogen, ausgesprochen hat.

Wochen später wurden Jahnkes Worte nach dieser Inspektion kolportiert:

»Keiner anderen Schule in Neuenthal haben wir mehr Lehrerstunden zur Förderung der Kinder zugeteilt, und dann so ein Ergebnis!« Und Monate nach Karins Tod äußerte er einem Journalisten gegenüber, es sei tragisch, dass die Frau sich alles so zu Herzen genommen habe. Lehrer brauchten eben ein dickes Fell, besonders in so einem Stadtteil. Und dass er sich nichts vorzuwerfen habe, weder fachlich noch menschlich. Jemand, der mit sich im Reinen sei, müsse eine solche Kritik von sich abschütteln können. Zudem habe er die Kollegin kaum gekannt. Und auf die Nachfrage des Journalisten, ob man die Arbeit einer Lehrerin in 45 Minuten beurteilen könne: Er sehe das in zehn Minuten.

An jenem Abend saß ich bis kurz vor Mitternacht bei Karin. Erst als ich ihr versprach, am Samstag mit ihr bei schönem Wetter an den Schäfersee zu fahren, war sie bereit, mit dem Weinen aufzuhören und ins Bett zu gehen.

18

Es war der erste Sonntag im Oktober, ich stand unter der Dusche, als Nikola anrief:

»Hast du Lust, mit uns zu frühstücken? Karin hat sich um eine Woche vertan – statt, wie verabredet, nächsten Sonntag, stand sie heute mit einem Korb voll Brötchen vor der Tür.«

Ich hatte nichts Besonderes vor, der Tag versprach, schön und warm zu werden, also sagte ich zu.

Nikola und ihr Mann wohnten in einer Reihenhaussiedlung am Stadtrand. Nikolas Baby schlief im Wagen unter einem Apfelbaum, an dem noch ein paar Früchte hingen. Eine perfekte Idylle. Nikolas Mann beschäftigte sich im Haus. Um einen langen Holztisch saßen Karin, Anna, Norbert und Stefan. Und Sabine saß da, noch mondbleich nach einer Grippe, die sie vor dem Schulräte-Besuch bewahrt hatte. Warum musste sie die Grippe erwischen und nicht Karin, dachte ich bei mir.

Wir frühstückten und erzählten dies und das, krampfhaft bemüht, die Sprache nicht auf den Inspektionsbesuch zu bringen. Mit schmerzhaft anmutender Heiterkeit erinnerte Karin an einen Lehrerausflug:

»Wisst ihr noch, wie eng wir zu zehnt in diesem Boot gesessen und Angst gehabt haben, dass es untergeht? Wie wir im Zickzack-Kurs von einem Ufer zum anderen steuerten und anstießen, weil wir vor Lachen nicht richtig rudern konnten?«

»Und wie Öczan in dem kleinen Boot am Heck stand und Herrscher der Meere spielte?«

Karin lachte ein falsches, lautes Lachen, aber Norbert verzog nur ab und zu den Mund zu einem mühsamen Lächeln.

Als ich ins Haus ging, kam mir Nikola hinterher. »Wusstest du, wie schlimm diese Stunde für Karin gelaufen ist?«, flüsterte sie.

»Ja, sie hat mich gleich danach angerufen. Sie war völlig fertig.«

»Ich hab es erst vorhin erfahren«, sagte Nikola. »Sie hat es fast nebenbei erzählt, mit dem Zusatz: Du hast ja keine Ahnung, was bei uns los ist! Norbert hat es wohl ebenso schlimm getroffen, er sieht ganz blass aus. Bei Norbert wundert es mich nicht, dass er nichts gesagt hat, aber Karin ist doch ein Typ, der seinem Herzen Luft macht. Auch dass sie sich mit unserem Frühstück um eine Woche geirrt hat ... Und dann diese aufgesetzte Fröhlichkeit.«

Wir gingen wieder zu den anderen. Sabine verabschiedete sich. Nikola brachte sie zum Auto und ging dann mit ihrem Baby ins Haus, um es zu stillen. Vorher aber bat sie uns, noch zu bleiben. Vielleicht wollte sie Karins Sonntagseinsamkeit verkürzen, aber nicht mit ihr allein bleiben.

Als wir nur noch zu fünft am Tisch saßen, zog Karin ein paar Blätter aus ihrer Tasche und reichte sie uns.

»Ich hab was geschrieben, wollt ihr das mal lesen?«

Dabei sah sie uns so angespannt, auch so ängstlich an, dass wir ihr nicht widerstehen konnten und lasen:

Das Rennen von Pisa
(Kein Märchen)

Vor nicht allzu langer Zeit lebte in einem gar nicht so fernen Lande ein König mit Namen Jörg der Schreckliche. Ihn hatte das Leben grausam und selbstgerecht gemacht. Er hatte die Kunst, zu lieben, im Laufe der Jahre verloren und rannte nur dem Erfolg und Ansehen hinterher. Seine Königinnen verstieß er eine nach der anderen, sobald er ihrer überdrüssig geworden war, und so musste er allein leben.

Er suchte ständig nach neuen Aufgaben, in denen er seine Größe und Macht beweisen konnte.

Eines Tages erhielt er ein Rundschreiben vom Kaiser, in dem alle Könige aufgefordert wurden, an einem Pferderennen im entfernten Pisa teilzunehmen. Alle Länder sollten aus jedem Fürstentum die schnellsten Pferde trainieren und sie gegeneinander antreten lassen. Es ging um die Ehre und wer das größte Ansehen in der ganzen Welt erringen konnte.

Diese Aufgabe reizte den König Jörg sehr. Er wollte Erster sein und sich in der Gunst des Kaisers sonnen dürfen.

Also bestellte er alle seine Fürsten zu sich und sprach: »Eine schwere Aufgabe kommt auf uns zu, die wir gemeinsam bewältigen wollen. Wir werden im Pferderennen von Pisa gewinnen, oder der Kaiser darf mich in Ketten schlagen und im tiefsten Keller verhungern lassen. Wir haben die besten Rennpferde, wer oder was soll uns den Sieg da noch streitig machen?«

Dies waren große Worte, die auch der Abgesandte des Kaisers hörte und diesem nach seiner Rückkehr im Vertrauen zutrug.

Es herrschte Aufregung im ganzen Lande, und die Vorbereitungen für das große Rennen liefen auf vollen Touren. Die Ritter holten ihre besten Rösser aus dem Stall und jagten in vollem Galopp über Felder und durch Wälder. Selbst die Ackergäule der ärmeren Fürsten wurden so lange trainiert, bis sie eine beträchtliche Geschwindigkeit vorlegten.

Aber es gab im Reich des schrecklichen Königs Jörg auch ein ganz armes Fürstentum, das hatte kein Geld für Pferde und erst recht nicht für richtige Rennpferde wie die reichen Nachbarn.

Die Arbeit übernahmen hier Esel, die nur langsam von der Stelle kamen, oft bockten, wie Esel es nun einmal von Natur aus tun, aber am Ende ihre Arbeit doch zur Zufriedenheit ihrer Besitzer schafften. Einige Mulis waren auch darunter. Sie waren etwas schneller als die Esel, aber auch sie konnten sich nicht mit den schnellen Pferden der reichen und hochwohlgeborenen Nachbarn messen.

Über dieses völlig verarmte Fürstentum herrschte Bert von Katzen-

burg, ein stattlicher und gerechter Fürst, der seine Untergebenen mit Respekt und Freundlichkeit behandelte.

Auch er wollte für den König und sein Land das Beste geben und spornte seine Bauern deshalb an, mit ihren Eseln zu trainieren. Aber schon nach einiger Zeit musste er feststellen, dass auch bei bester Behandlung die Erfolge ausblieben.

Also ging er zum König und sagte: »Königliche Hoheit, ich bin Euer untertänigster Diener und will gerne zur Ehre des Landes beitragen, aber es fehlt mir an geeigneten Pferden, die ich ausbilden kann.«

»Was fällt Euch ein, Fürst von Katzenburg? Alle Fürsten rundherum arbeiten mit den Tieren, die sie haben. – Überdenkt Eure Trainingsmethoden, dann wird es schon besser werden«, herrschte ihn Jörg der Schreckliche an.

Betrübt marschierte Bert von Katzenburg zurück zu seinen Freunden und Mitstreitern. Sie probierten, die Esel und Mulis anzuspornen, indem sie ihnen Möhren und andere Belohnungen vor die Nase hängten. Zwar setzten sich die Esel nun schneller in Bewegung als vorher, aber der Erfolg war nur von kurzer Dauer, denn sie bekamen ja sowieso eine Belohnung, ob sie nun liefen oder nicht. Ihre Besitzer hatten gute Herzen und liebten ihre Tiere. Also hörten die Esel auf, zu laufen, und bockten genauso wie zuvor.

Dieser Weg war also nicht der richtige, und Bert von Katzenburg entschloss sich, noch einmal zum König zu gehen und ihn um Hilfe zu bitten.

Er verneigte sich tief vor dem hohen Herrn und sagte: »Eure Majestät, ich bitte untertänigst um Entschuldigung, aber wir haben es mit Belohnungen versucht, trotzdem blieb der erwartete Erfolg aus. Habt Ihr vielleicht eine Idee, was wir noch tun könnten?«

Der König überlegte und meinte: »Hier mein Rat: Es müssen bessere Trainer her, die ihr Handwerk wirklich verstehen! Geht hinaus und sucht euch die besten. Hier, nehmt diese zehn Taler und geht.«

Heimlich lachte er über den herzensguten Bert von Katzenburg, denn für zehn Taler konnte man auch mit viel gutem Willen nichts ausrichten, aber mehr wollte er auf gar keinen Fall aus dem Staatssäckel nehmen, um sie an diesen unfähigen Dummkopf zu vergeuden. Sollte Bert doch seine Bauern schinden und mit deren Geld für den Erfolg des Königs arbeiten.

Betrübt erschien Fürst Bert wieder bei seinen Freunden und Untergebenen. »Was sollen wir tun? Ich habe zehn Taler vom König erhalten, um bessere Trainer zu besorgen. Das Geld reicht aber höchstens für einen!«

Bert zog also los, sah sich unter den besten Trainern des Landes um und kam nach kurzer Zeit mit einem Mann zurück, der schon häufig und gut mit Pferden gearbeitet hatte. Er war bereit, für wenig Geld diese Aufgabe zu bewältigen, denn er sah die Not, in der Fürst Bert von Katzenburg sich befand.

Er versuchte alles, damit die Esel schneller wurden. Er ließ sie gegeneinander antreten, um ihren Ehrgeiz zu wecken. Für jedes Tier wurde ein eigener Trainingsplan zusammengestellt, gute Leistungen wurden belohnt und Minderleister sollten durch noch mehr Training zur Höchstform gebracht werden.

Es war einige Zeit vergangen, und als der neue Trainer die Zeiten der Tiere stoppte, musste er feststellen, dass sie gar nicht schneller geworden waren. Nur einige Mulis hatten ihr Pferdeblut entdeckt, rannten den Eseln zwar davon, aber der Trainer musste einsehen, dass auch diese im Vergleich zu den Rassepferden scheitern würden.

All seine Mühe reichte nicht, um das hohe Ziel des Königs zu erreichen.

Also ging Bert von Katzenburg noch einmal zu seinem König, warf sich demütig vor ihm auf die Knie und sprach: »Euer Hoheit, all unser Bemühen hat nicht gefruchtet. Zwar sind einige Tiere schneller geworden, aber sie können den Pferden der Nachbarn nicht das Wasser reichen.«

Der König überlegte, ob er den dummen Tölpel in den Kerker werfen oder öffentlich auspeitschen lassen sollte. Dann aber besann er sich noch einmal eines Besseren. Schließlich war das Rennen ja noch nicht vorbei, und er wollte vor dem Kaiser nicht dumm dastehen, weil ein Fürstentum nicht antrat.

Deshalb sagte er: »In einem fernen Lande, es liegt im Orient, soll es einen Mann geben, der mit Pferden sprechen kann. Er flüstert ihnen etwas zu, und sie gehorchen ihm aufs Wort. Hole diesen Mann, und du wirst sehen, die Leistungen deiner Tiere werden sich ins Unermessliche steigern.«

Also zog Bert von Katzenburg los, um diesen wahren Zauberer zu suchen.

Das Rennen von Pisa rückte immer näher, und er musste sich beeilen, diesen Mann zu finden.

Als er das Schwarze Meer erreicht hatte, begegnete er einem alten, weisen Mann, der ihm den Weg zeigen konnte.

»Wie kann ich dir helfen?«, sprach der Pferdeflüsterer, der sich Cem nannte.

Bert von Katzenburg schilderte ihm seine Misere und fragte ihn: »Willst du mitkommen und dein Glück versuchen?«

Cem antwortete: »Du bist ein guter Mensch, und ich will dir gerne helfen. Lass uns in dein Land ziehen, und wir werden sehen, ob meine Erfahrung dir helfen kann.«

Wochen später erreichten sie die Katzenburg. Neben der eigentlichen Arbeit drehten die Esel und Mulis weiter ihre Extra-Trainingsrunden, aber ohne sichtbaren Erfolg.

Cem, der Pferdeflüsterer, ließ alle Esel und Mulis zusammentreiben und flüsterte ihnen etwas ins Ohr, was kein Mensch sonst verstehen konnte. Mit einem etwas dümmlichen Gesichtsausdruck sahen die Esel ihn an und schrien alle laut durcheinander ihr krächzendes »I-aahhhhh, i-aahhhh!«, was sich für Cem anhörte wie »Ja«.

Er dachte, sie hätten ihn verstanden und würden jetzt seinen Anordnungen folgen. Was er aber nicht merkte, war, dass er Pferdisch und nicht Eselanisch gesprochen hatte, sodass ihn die Esel gar nicht verstehen konnten, auch wenn sie es gewollt hätten.

Voller Zuversicht gingen sie alle zum nächsten Training, aber auch diesmal blieben die Esel stehen, bockten wieder und grasten lieber auf der Weide.

»Wie soll ich euch helfen«, sagte Cem, »wenn diese sturen Tiere meine Sprache nicht sprechen? Es stimmt mich traurig, dass ich euch nicht aus eurer schwierigen Lage befreien konnte. Holt mich wieder, wenn ihr richtige Pferde habt, denn diese verstehen mich, und ich kann sie zu hohem Ruhm führen. – Lebt wohl, ihr lieben, treuen Menschen.«

Das Rennen sollte in wenigen Tagen stattfinden, und sie mussten ja den langen Weg nach Pisa noch zurücklegen.

So begaben sich Bert von Katzenburg und seine treuen Gefolgsleute in Richtung Italien, wohl wissend, dass der König sie hart bestrafen würde, weil sie ihr Ziel nicht erreicht hatten. Die Esel und Mulis würden niemals an der Spitze laufen können, wie der König es sich erträumt und befohlen hatte.

Endlich erreichten sie die wunderschöne Stadt mit dem Schiefen Turm, den alle bewunderten. Sie begaben sich mit ihren zwar gut trainierten, aber trotzdem im Vergleich zu langsamen Eseln in ihr Quartier, das sich draußen vor der Stadt befand.

Neben ihnen lagerten reiche Ritter aus fremden Ländern, die mit hochgezüchteten, edlen Rössern antraten.

»Was denkt ihr euch, ihr dummen Leute, dass ihr mit Eseln und Mulis zu einem Wettstreit der besten Pferde der Welt antreten wollt? Was sagt denn euer König dazu?« Traurig hörten sich Bert und seine Gefolgschaft die Spottrufe der anderen Reiter an.

Was würde mit ihm und seinen Gefolgsleuten geschehen, wenn sie im Rennen versagten? Würde Jörg der Schreckliche sie hinrichten lassen, weil sie sein hohes Ziel nicht erreicht hatten?

Aufregung herrschte am Startpunkt. Alle wollten ihrem Lande zur Ehre gereichen und Erster werden.

Als der Startschuss fiel, preschten alle wie von der Tarantel gestochen los. Die Araberhengste setzten sich gleich an die Spitze, hatten aber Schwierigkeiten, auf Dauer das rasante Tempo zu halten. Dann holten ein paar Lipizzaner auf und drängten die anderen ab. Das Rennen war lang und spannend. Am Ende aber gewannen die sanften, mit Liebe und Ausdauer gepflegten Pferde des Königs aus Finnenland.

Und die Esel von Bert von Katzenburg? Na, die kamen wie erwartet als Letzte an, denn sie machten immer wieder Pausen, bockten bisweilen, wie es so ihre Art war, und zogen es vor, die Weiden der anderen Tiere abzugrasen.

Natürlich hatte niemand nur im Entferntesten mit einem Sieg gerechnet, aber jetzt standen Berts treue Gefolgsleute doch traurig um ihn herum, denn sie wussten, dass die Strafe für das Versagen fürchterlich werden würde.

König Jörg der Schreckliche ließ alle in seinem Zelt antreten, und jeder konnte sehen, dass er vor Wut kochte.

»Was fällt dir ein, Bert von Katzenburg, du nichtsnutziger Tölpel von einem Fürsten? Bist nicht einmal in der Lage, mir und deinem Volke zu Ruhm und Glanz zu verhelfen! Hinweg mit dir! Ich will dich in meinem Reich nie wiedersehen. Aber vorher wirst du mit deinen unfähigen Gefolgsleuten öffentlich an den Pranger gestellt werden, damit jeder erfährt, was mit ungehorsamen und unfähigen Untertanen passiert.«

»Aber wir haben doch alles versucht, dass ihr ruhmvoll dasteht«, versuchte Bert einzulenken, aber der König blieb unerbittlich. Er hatte schließlich leichtfertig ausgesprochen, was mit ihm passieren sollte, falls seine Leute das Rennen verlieren würden.

Der Kaiser wusste schließlich von seiner Großspurigkeit und würde ihn darauf festnageln. Wie konnte er also seinen Kopf aus der Schlinge ziehen?

Auf dem Marktplatz wurden die Pranger aufgebaut. Bert und seine treuen Gefolgsleute wurden zwischen die Balken gespannt. Die Auspeitschung aller übernahm Jörg selbst, denn der Kaiser sollte sehen, dass nicht er schuld an dem Versagen war, sondern die anderen.

Dann sollten die übrigen Leute die Möglichkeit bekommen, diejeni-

gen, die so kläglich versagt hatten, mit Eiern und faulem Obst zu bewerfen, wie sie es verdient hatten.

Aber es kam ganz anders! Der Kaiser erschien auf dem Marktplatz und gebot dem Treiben Einhalt.

»Welcher König ist so dumm, zu glauben, dass man aus Eseln Rennpferde machen kann? König Jörg aus deutschen Landen, du selbst sollst wegen deiner Grausamkeit am Pranger stehen und ausgelacht und mit Eiern und faulem Obst beworfen werden. Für die Zukunft merke dir: Nicht mit Härte und Strafe lenkt ein guter König die Geschicke seines Landes, sondern mit echter Hilfe erreichst du mehr.

Außerdem erinnere ich dich an deine großen Worte, was du tun würdest, falls du das Rennen verlierst. Ich werde dich aber nicht in Ketten schlagen und in einem Verlies verrotten lassen, denn dann wäre ich nicht besser als du.

Aber Strafe muss sein: Gehe also in ein Kloster auf einer Insel am anderen Ende der Welt und lebe dort als Mönch! Tue Buße und überdenke dein Handeln. Nach drei Jahren der Läuterung und des Schweigens sehen wir uns wieder, und du teilst mir deine neuen Ansichten mit. Wenn sie mir gefallen, werde ich dir dein Land und die Königswürde zurückgeben. Gehe jetzt!«

Verbittert trat König Jörg der Schreckliche seine Zeit im Kloster an. Die ersten drei Jahre grübelte er immer noch darüber, ob es nicht doch einen Weg gäbe, aus Eseln Rennpferde zu machen, wenn ihm nur die richtige Methode einfiele.

Diese Gedanken gefielen dem Kaiser aber nicht, und so musste Jörg noch weitere und weitere und weitere Jahre in der Verbannung leben.

Und wenn er nicht gestorben ist, so grübelt er noch heute über seinem großen Problem.

PS: Nach ihm hat ein anderer König sein Reich übernommen und verwaltete es mit viel Verständnis und Liebe. Die Esel mussten keine Rennen mehr laufen und gaben sich ganz ihren Arbeiten hin – langsam und beständig.

19

Inzwischen war auch Nikola zurückgekommen und hatte das Märchen gelesen. Es dauerte eine Weile, bis wir sprechen konnten. Karin hatte schon häufig ihre Talente bewiesen – all die Kostüme, die sie für die Kinder geschneidert, all die Bilder, mit denen sie Räume ausgeschmückt hatte, sie hatte eine gute Stimme, sang im Kirchenchor, und die Gedichte zu allen möglichen Anlässen schienen ihr mühelos in die Tasten zu fließen. Diese Geschichte aber berührte uns tief. Nicht nur, weil wir sie als Ventil für ihren Gefühlsstau empfanden, sondern weil sie auch gut geschrieben war. Als wir ihr all das sagten, brach sie in Tränen aus. Weinte wieder so erbärmlich, dass wir uns ratlos ansahen. Nikola, die neben ihr saß, nahm sie in den Arm und wiegte sie wie kurz zuvor ihr Kind.

»Wie ist eigentlich die neue Rektorin?«, fragte ich hilflos und wandte mich mehr in Richtung Stefan als zu Karin. »Ist sie wirklich so schlimm?«

Er mäanderte in diplomatischen Wendungen:

»Dazu kann ich noch nichts sagen, sie ist erst drei Wochen da, leitet zwei Schulen, ist also nicht jeden Tag im Haus. Das verlangt natürlich von uns mehr Umsicht. Sicher kann sie organisieren. Geben wir ihr hundert Tage, dann wissen wir mehr über ihren Leitungsstil. Der Stundenplan kam mir recht zusammengeschustert vor, aber der wurde inzwischen modifiziert. Das Klima jedenfalls, von dem ihr alle immer geschwärmt habt, das ist nicht mehr so vertrauensvoll und offen. Jeder sieht jetzt zu, dass er zurechtkommt.«

»Und wie ist diese Vorführstunde bei dir abgelaufen?«

Ich hatte schon lange auf die Gelegenheit gewartet, Stefan nach seinen Erlebnissen zu fragen. Er erzählte unaufgeregt, fast emotionslos:

»Ich kam erst in der dritten Stunde dran. Da sind die Kinder natürlich nicht mehr so aufnahmebereit. Ich hatte keine Ahnung, wer bei mir hospitieren würde, bis – die Stunde hatte schon angefangen – die Tür aufging und Frau Göbel und Herr Jahnke reinkamen. Volltreffer, dachte ich. Ich ließ die Kinder weiterlesen, wie verlangt, erklärte ihnen die für sie fremden Begriffe, verteilte diese Arbeitsblätter zum Leseverständnis. Solche differenzierten Blätter vorzubereiten ist nicht immer möglich, aber für diese Zirkusvorstellung haben wir das natürlich alle gemacht. Die Kinder beantworteten dann je nach Vermögen die gestellten Fragen, und plötzlich verließen Göbel und Jahnke die Klasse. Die Stunde war noch nicht rum. Er sagte: Wir sprechen uns noch. Super, dachte ich, das kann ja heiter werden. Ich fand meine Stunde ganz okay, die Kinder waren diszipliniert und haben mitgearbeitet, aber nun war ich verunsichert.

Frau Göbel hatte Einzelgespräche zur Vorführstunde angeboten. Weil ich mir auf Jahnkes Bemerkung keinen Reim machen konnte, ging ich zu ihr. Ja, und wie diese Einzelgespräche abgelaufen sind, hat dir Karin ja sicher erzählt.«

»Hat sie. Aber erzähl mal deine Sicht der Dinge«, bat ich.

»Am Rektorzimmer hing eine Liste, wer wann zur sogenannten Systemberatung antreten musste. Es herrschte eine gedrückte Stimmung, wir sprachen kaum miteinander, man ging ja hin wie zum Schafott – oder?«

Jetzt schaltete sich Norbert ein:

»Ja. Es wäre konstruktiver und offener gewesen, hätten Göbel und Jahnke ihre Einschätzung vor dem gesamten Kollegium dargelegt. Aber wir waren so bematscht, dass wir nicht daran gedacht hatten, das einzufordern. Bei den meisten lief es ja auch ganz gut. Ich hab, wie du, Stefan, Frau Göbel angesprochen, und sie meinte, schon schlimmere Stunden gesehen zu haben. Aber meine Stunde war wirklich nicht gut, das hab ich dann auch vor Jahnke eingeräumt. Ich war am Morgen total verspannt aufgewacht, und als ich dann vor meinen 25 Erstklässlern stand und Herrn Jahnke hinten sitzen sah, merkte ich schnell, dass ich die Klasse nicht erreiche. Ich hatte ein ganz beklemmendes Gefühl, mein Hals war trocken, ich kriegte kaum Luft, es war eine Situation, die ich nur schwer beschreiben kann. Ich spürte immer deutlicher, das läuft nicht. Eigentlich hat meine Kollegin, eine erfahrene Erzieherin, die gerade mit den kleinen Kindern sehr gut umgehen konnte, die Stunde geleitet.«

Er machte eine Pause, die Nikola mit der Frage füllte, ob sie noch mal die Kaffeemaschine anstellen solle. Alle nickten. Und Norbert erzählte weiter:

»Ziel sollte eine tief greifende Systemberatung durch das Schulrätekollegium sein.« Er lachte bitter. »Als wäre es darum gegangen, unsere fachliche Kompetenz darzulegen – das ganze Geschehen sollte uns einfach nur reglementieren und uns für unsere Aufmüpfigkeit abkanzeln. Ganz gleich, wie die Stunden fachlich gelaufen sind – wer was finden will, findet was.«

»Ja«, bestätigte Stefan, »einige kamen weinend raus. Bei mir hielt sich die sogenannte Systemberatung in Grenzen, was mir natürlich nicht unlieb war. Jahnke hat irgendwas Positives mitgeteilt, die Kinder seien diszipliniert und lernwillig blablabla, ich hab's vergessen. Ich war froh, das Zimmer wieder verlassen zu können.«

Er guckte mich an: »Angst hatte ich zwar nicht, aber gemütlich fand ich diesen Besuch auch nicht. Das hängt eben mit der Person Jahnke zusammen; es war ja abzusehen, dass das kein Hilfsangebot sein würde, wie zunächst gedacht. Wir alle hatten das Empfinden, es sollen mal wieder Schuldige gefunden werden für die schlechten Leistungen unserer Kinder. Auch ich fühle mich Herrn Jahnke nicht gewachsen – der redet jeden in Grund und Boden.«

Und etwas nachdenklich setzte er hinzu:

»Du fragst dich sicher, warum wir uns nicht zusammengeschlossen haben – damit hast du recht. Wir sind gestandene Lehrer, wir unterrichten schwierige Kinder, die schwierige Eltern haben, wir leisten täglich viel, geben unser Bestes – und wir lassen uns so behandeln!«

Stefan sah vor sich hin, schüttelte den Kopf und spielte mit seinem Handy.

Norbert fügte, nachdem er mir etwas umständlich erklärt hatte, weshalb die Gewerkschaft den Konflikt politisch falsch eingeschätzt habe und dass es mit der Unterstützung vor Ort deshalb nicht geklappt habe, hinzu: »Ich hab da natürlich Schlimmes auf mich zukommen sehen bei diesem Gespräch, denn ich war federführend tätig gewesen, stand deshalb unter einem enormen Druck. Also für mich war das von Anfang an eine beschissene Situation. Und nun die Bestätigung von Herrn Jahnke« – es schien, als spucke er den Namen aus – »dass ich ein Minderleister bin.«

Bei dem Wort zuckte Karin neben mir merklich zusammen.

»Das lass dir mal auf der Zunge zergehen.« Er richtete seinen Blick auf mich und zerlegte das Wort in seine Silben: »Min-der-leis-ter! Die Kollegin, die mit mir gemeinsam den Unterricht machte, bestätigte mir, sie würde mich ganz anders kennen und ich solle mir schnell professionelle Hilfe suchen, damit ich wieder meine alte Stabilität erlange.«

Er machte eine kurze Pause. Dann gestand er:

»Eigentlich bin ich psychisch am Ende.«

»Minderleister? Du?« Ich war fassungslos.

»Hat dir das Karin nicht erzählt?«, fragte er erstaunt.

»Sie ist auch eine der Minderleister. Und eine weitere Kollegin und ein Kollege.«

»Doch, einiges hat Karin mir erzählt. Zuvor auch, dass sie zwei tickende Zeitbomben in der Klasse habe und zusehen müsse, dass die nicht explodieren«, sagte ich, um etwas von Karin abzulenken.

»Eben. Einige Kollegen hatten ihr sogar vorgeschlagen, die beiden Jungen vorher nach Hause zu schicken. Aber sie wollte den Schulräten ja zeigen, wie problematisch unsere Kinder sind. Mit dem Ergebnis, dass Herr Jahnke sagte: Ich habe diese Frau zehn Minuten gesehen und wusste Bescheid.«

Es hatte sich also einiges rumgesprochen. Ich sah Karin an. Sie hielt meinem Blick nicht stand, wieder stiegen ihr Tränen in die Augen. Die ganze Wimperntusche klebte schon rund ums Unterlid. Vom Hals her breitete sich Röte über ihrem Gesicht aus. Ich spürte fast körperlich ihre Scham, die ihr Selbstwertgefühl hatte einstürzen lassen wie ein Kartenhaus. Karin schwieg, unfähig, über das Geschehene zu reden.

Plötzlich rückte Anna mit einem Geständnis raus:

»Seit einiger Zeit besuche ich eine Therapeutin, die mir hilft, mein Gleichgewicht zu halten. Es war mir im Sommer ziemlich schlecht gegangen. Ich hatte Angst vor dem neuerlichen Schulwechsel, fühlte mich klein und unzulänglich für diesen Job und brauchte für den neuen Start ein moralisches Korsett. Die Therapeutin ist eine ruhige Frau in unserem Alter – ich könnte dir die Telefonnummer geben, Norbert. Und du, Karin, meinst du nicht auch, du könntest dir von ihr helfen lassen? Ich weiß, du rennst nicht bei jedem Schnupfen zum Arzt – hast du eigentlich in den letzten Jahren überhaupt mal in der Schule gefehlt? Du musst dich ja nicht krankschreiben lassen, wenn du das nicht willst. Und auch, wenn du eine Therapie machtest, würde das niemand vom Kollegium erfahren, falls das deine Angst ist. Aber vielleicht verschreibt dir die Neurologin erst mal Psychopharmaka, damit du überhaupt über die Runden kommst – was meinst du?«

Bei dem Wort Tabletten horchte Karin auf. Tabletten versprachen schnelle, unaufwendige Hilfe. Und die brauchte sie wohl jetzt zuerst.

Als wir am frühen Nachmittag aufbrachen, schien sie wenigstens wieder so weit gefasst, dass sie imstande war, Auto zu fahren und sich auf den nächsten Schultag vorzubereiten.

20

Im Herbst nach Karins Tod las ich eines Morgens beim Frühstückskaffee in der Zeitung ein Interview mit der nordrhein-westfälischen Schulministerin. Es ging um Qualitätsanalysen. Die Ministerin sprach:

»Ich denke, dass Schule nicht ohne Beratung und Analyse auskommt. Wir schicken jetzt Qualitätsprüfer in die Schulen. Ohne Druck auszuüben, werden schlechte Entwicklungen so aufgedeckt. Lehrer mit Defiziten werden im Kollegium identifiziert und isoliert. Es gibt mehr Wettbewerb. Bislang konnte man so vor sich hindümpeln.«

Ich hab mich fast verschluckt. Wer dümpelt vor sich hin? Pädagogen, die sich »Tag und Nacht und auch im Sommer«, wie das schöne Buch von Frank McCourt heißt, um Kinder mit Defiziten bemühen? Die Ministerin will Lehrer mit Defiziten identifizieren, statt allen zu Fähigkeiten und Fertigkeiten, zu Mitteln und Wegen zu verhelfen, den veränderten gesellschaftlichen Bedingungen Rechnung zu tragen? Und wie und von wem sollen Lehrer isoliert werden? Von den Schülern? Vom Kollegium? In Einzelhaft? Die guten ins Töpfchen, die schlechten ins Kröpfchen? Und was ist das überhaupt für ein Ton? Karin ist ja nun isoliert, auf dem Friedhof im Münsterland, dachte ich bitter. Und all ihre Kolleginnen und Kollegen in den psychiatrischen Anstalten unseres Landes sind ebenso isoliert. Meinte das die Frau Ministerin?

Ich regte mich eine Weile darüber auf, kehrte dann jedoch zu meinen Angelegenheiten zurück. Erst Wochen später stieß ich beim Aufräumen wieder auf die Zeitungsseite, die ich aufgehoben hatte. Und klickte mal landtag.nrw.de an. Interessant: Einer Abgeordneten der Grünen war dieses Interview wohl auch sauer aufgestoßen, denn sie hatte eine »Kleine Anfrage« an die Landesregierung gestellt:

»Maßnahmen gegenüber einzelnen Lehrkräften, Sanktionen werden in Aussicht gestellt. Das führt in den Schulen zu erheblicher Unruhe und entzieht der Qualitätsanalyse das Vertrauen. Es muss Klarheit geschaffen werden, worauf sich die Schulen und Lehrkräfte bei der Qualitätsanalyse einzustellen haben.

Vor diesem Hintergrund frage ich die Landesregierung:

1. Wie werden in Zukunft ›schlechte‹ Lehrerinnen oder Lehrer in den Schulen identifiziert?
2. Wie und wo werden ›schlechte‹ Lehrerinnen und Lehrer isoliert?
3. Wie werden Eltern, Schülerinnen und Schüler über ›schlechte‹ Lehrerinnen und Lehrer informiert?
4. Bedeutet mehr Wettbewerb unter Lehrkräften, dass sich Eltern oder Schülerinnen und Schüler jetzt aussuchen können, zu welcher Lehrkraft sie in den Unterricht gehen wollen/sollen, damit die Schulleitung Hinweise bekommt, für welche Lehrkraft der Verbleib am Standort gefährdet ist (analog zur Auflösung der Grundschulbezirke)?
5. Welche Indikatoren in der Qualitätsanalyse beschreiben das von der Ministerin in den Schulen festgestellte ›Dümpeln‹?«

Die Antwort der Ministerin für Schule und Weiterbildung namens der Landesregierung ist bemerkenswert:

»Grundlage für die Bewertung der Schulen ist das Qualitätstableau, das in sechs Qualitätsbereichen mit 28 Qualitätsaspekten und insgesamt 153 Kriterien die Qualität schulischer Arbeit erfasst.

Qualitätsanalyse nimmt Schule als Ganzes in den Blick. Aus diesem Grund geht es nicht um die Bewertung einer einzelnen Lehrkraft, sondern es wird die Qualität der Schule als Gesamtsystem untersucht.

Ein zentraler Aspekt schulischer Arbeit ist die Qualität der Unterrichtsprozesse. Deshalb beobachtet das Team während des drei- oder viertägigen Schulbesuchs mindestens fünfzig Prozent der Lehrkräfte im Unterricht. Dabei steht nicht die Überprüfung der einzelnen Lehrkraft im Fokus, sondern es werden Aussagen über die Unterrichtsqualität der Schule im Gesamten ermittelt.

Zu den Fragen 1 und 2

Die Qualität der Unterrichtsprozesse im Gesamtsystem der Schule wird über sieben Qualitätsaspekte mit 36 Qualitätskriterien sowie 42 Qualitätsindikatoren sowie über umfangreiches statistisches Material präzise beschrieben. Die Qualitätsanalyse liefert einer Schule darüber ein genaues Qualitätsprofil. Die Schule kann diese Systemergebnisse als Ausgangspunkt dafür nutzen, für sich selbst weitere Erkenntnisse zu ermitteln. Sie kann damit ihre Stärken und ihre Entwicklungsbereiche selbstständig identifizieren, um darüber auch gezielt Maßnahmen für die Weiterentwicklung der Qualität des Unterrichts und die weitere Professionalisierung ihrer Lehrkräfte zu ergreifen.

Zur Frage 3

Die Qualitätsteams geben unmittelbar im Anschluss an den Schulbesuch eine addressatenbezogene mündliche Rückmeldung an die Schulleiterin bzw. den Schulleiter sowie eine entsprechende Rückmeldung an die Lehrkräfte. Zeitnah erhält die Schule danach einen Berichtsentwurf, zu dem sie Stellung nehmen kann. Änderungsvorschläge werden entweder berücksichtigt, oder aber die Stellungnahme wird dem endgültigen Bericht beigefügt und ist damit Bestandteil des Berichts. Der Bericht stellt einerseits das Qualitätsprofil der Schule dar, erläutert andererseits ausführlich die Qualität der schulischen Prozesse der Schule als Ganzes in allen 28 Qualitätsaspekten. Die Schulleiterin oder der Schulleiter leitet den vollständigen Qualitätsbericht innerhalb einer Woche der Schulkonferenz, der Schulpflegschaft und dem Schülerrat zu und gibt ihn den Mitgliedern der Lehrerkonferenz zur Kenntnis. Zum Qualitätsbericht erfolgen zeitnah Erörterungen in der Lehrerkonferenz und der Schulkonferenz.

Zur Frage 4

Nein.

Die Daten aus den Unterrichtsbeobachtungen werden anonymisiert und aggregiert, sodass nach Abschluss des Schulbesuchs eine Rückverfolgung zu einer einzelnen Lehrkraft nicht möglich ist. Die Aussage über die Unterrichtsqualität des Gesamtsystems zeigt die Bandbreite auf, die an einer Schule vorzufinden ist. Es liegt im Ermessen der Schule, wie sie diese Daten nutzt, um ihre Unterrichtsqualität zu entwickeln und zu sichern.

Zur Frage 5

Diese Frage beantwortet sich aus den der Beantwortung der Einzelfragen vorangestellten Vorbemerkungen.«

Hinter diesen leeren Qualitätsbeteuerungen, einem verbalen Gewölle, steht eine Bankrotterklärung. Arme Lehrer!

21

»Ein sehr guter Mann, aber arrogant, so hat ihn mal ein Dezernent charakterisiert«, hörte ich, als ich die Küche betrat, und ich ahnte, von wem die Rede war.

»Diese Inspektion hatte mit den Qualitätsanalysen, wie sie durch die Landesregierung durchgeführt werden, gar nichts zu tun. Das war eine Willkürmaßnahme. Man hat versucht, es zu verhindern, das weiß ich vom Bezirkspersonalrat, aber dann hat es eine Erlaubnis vom Ministerium gegeben, obwohl das gar nicht zuständig ist.«

Mein Bruder stand mit seinem Freund Heinz in der Küche, jeder mit einem Glas Rotwein in der Hand, wo Gerlinde, meine Schwägerin, ein kaltes Büfett aufgebaut hatte. Offenbar hatte sich der Schulräte-Besuch der Platanen-Schule in der Gewerkschaft herumgesprochen.

»Das Ergebnis hab ich nie erfahren«, sagte Franz gerade, »ich hatte aber Karin Hübner in den Telefonaten mit ihr empfohlen, sich an den Personalrat zu wenden. Und die Personalräte hatten wir gebeten, sich bereitzuhalten und den Lehrkräften, die das wünschen, in dieser Vorführstunde zur Seite zu stehen. Ich müsste mir vielleicht vorwerfen, dass ich bei den Personalräten nicht nachgehakt habe. Ich hab mich darauf verlassen, dass die sich kümmern.«

»Und ich werfe mir vor, dass ich nicht selber mitgegangen bin. Wir hatten eine Kollegin vom Personalrat hingeschickt, sie sollte bei dieser Razzia Begleitschutz bieten«, bestätigte Heinz, »aber offenbar war sie nicht so besonders motiviert. Sie hat sich dort hingesetzt, ist aber nur von einem Kollegen angefordert worden, soviel ich weiß. Diese Kollegin hatte auch den Eindruck, alles sei friedlich verlaufen, weil sich ja niemand bei ihr beschwert hat. Aber wer beschwert sich schon? Die meisten machen Frust und Ärger mit sich aus. Zwei Lehrerinnen und zwei Lehrer wurden als Minderleister stigmatisiert, aber nur Karin und Norbert haben sich bei uns gemeldet.«

»Da siehst du mal, wie eingeschüchtert das gesamte Kollegium ist, hat sich nicht mal diesen Schritt getraut, der eigentlich selbstverständlich ist. Man kann immer Personen seines Vertrauens hinzuziehen. Keine Ahnung, wer die so eingeschüchtert hat.«

Ich angelte zwischen den beiden nach einem Lachsschnittchen und mischte mich in die Debatte:

»Dabei sind doch auch angestellte Lehrer unkündbar, wenn sie über 40 sind und 15 Dienstjahre hinter sich haben, ihnen kann doch viel weniger passieren als beispielsweise mir, wenn ich aufmucke.«

Sie sahen mich an und zuckten die Achseln.

»Es scheint überhaupt niemanden mehr zu geben, der Nein sagt zu irgendetwas«, konstatierte mein Bruder, während Heinz mit sichtbarer Freude Antipasti vom Büffet auf seinen Teller schichtete.

»Aber die Kultusbürokratie hat Macht und kann so viel Druck ausüben, dass die Kollegen nicht wagen, zu widersprechen. An unserer Schule lehnen wir vieles ab, was uns aufgetragen wird, und vieles erledigt sich von selbst«, sagte mein Bruder. »Neulich sollten wir wieder irgendwas melden, es hätte einen Riesenaufwand bedeutet, irgendwelche Listen aufzustellen – wir fragten uns: Wozu das denn? Und dann noch bis nächste Woche? Nö, machen wir nicht. Haben es einfach ignoriert. Drei Wochen später kam die Kunde aus der Regierung: Übrigens, der Erlass ist noch nicht ausgereift, den brauchen wir jetzt noch nicht. – Und das ist kein Einzelfall.«

Wir guckten eine Weile versonnen auf das kalte Büfett, das jetzt etwas zerpflückt aussah.

»Und warum geht das hierzulande nicht vorwärts? In den Wartezimmern von psychiatrischen Praxen sitzen haufenweise Pädagogen, wohin ich höre, sind sie frustriert, genervt. «

Meine Frage richtete sich an beide.

»Es ist diese Unruhe von außen«, nahm mein Bruder den Faden auf. »Die Landespolitik, egal welcher Couleur, hat nicht so viele Handlungsfelder, auf denen sie sich profilieren kann, also versuchen alle, sich im Bereich Bildung zu profilieren, und das trägt man auf unserem Rücken aus. Ständig wird eine neue Sau durchs Dorf getrieben, das macht uns verrückt.«

»Wirklich alle Vierteljahre!«

Heinz lachte bestätigend.

»Wie oft ruft meine Frau, wenn sie die Zeitung reingeholt hat: Is wieder wat Neues! Weil die Politik mit dem Treiben nicht nachkommt, aber da alle wissen, dass etwas passieren muss, treiben sie nicht mehr alle Monate nur eine Sau durchs Dorf, sondern ganze Schweineherden, die alles niedertrampeln! Die Schulleitungen müssen immer mehr machen: Statistik, Pläne, jetzt sollen wir für das Integrationsministerium ein Migrationsmilieu erarbeiten: Piotr, du sprichst gebrochen Deutsch, wo bist du denn geboren? In Berlin. Und woher kommt dein Vater? Aus Polen. Aus welcher Stadt denn? Weiß ich nicht. Welche Sprache sprecht ihr zu Hause? Polnisch. Wo setzt man da an?«

»Und die Kinder werden zunehmend schwieriger«, fiel mein Bruder wieder ein.

»Fast jedes vierte Kind hat eine eklatante Schwäche. In den skandinavischen Ländern gibt es an den Schulen mehrere Spezialisten: Sozialpädagogen, Therapeuten, Psychologen. Wir werden völlig alleingelassen mit Problemen wie Dyskalkulie, ADHS, wir doktern laienhaft an diesen Phänomenen herum und können den Kindern nicht helfen. Die Rahmenbedingungen werden dem nicht angepasst, das kostete ja Geld.

Und so entwickelt sich neben der Schule ein grauer Markt mit privaten Förderangeboten, zu denen die Kinder nachmittags hingekarrt werden, um an einem PC ihre Rechtschreibschwäche abzubauen. Das müsste alles in der Schule passieren! Dafür muss Schule mehr Zeit haben!«

»Zumal viele arme Eltern die Kernfragen der Bildung der Schule überlassen. Lehrer sind die gesellschaftliche Feuerwehr, Ersatzeltern, Ernährungsberater, Streitschlichter, Animateure und das alles, ohne es gelernt zu haben – der einzige Beruf mit Menschen ohne Supervision«, musste ich loswerden.

»Eben. Wir brauchen verpflichtende Ganztagsschulen, eine völlig andere Schulstruktur! Nach vier Jahren Kinder auszusortieren, damit sind wir überfordert. Wer kann schon nach vier Jahren verantwortungsvoll beurteilen, was dieses und jenes Kind kann?«

Eine Frau kam in die Küche, die ich nicht kannte. Sie schnitt sich etwas vom Camembert und vom Bergkäse ab, nahm sich ein Roggenbrötchen und schlug vor: »Und wenn man die Kinder aus Schulen mit hohem Ausländeranteil auf die Schulen in der ganzen Stadt verteilen würde?«

Ihre Idee kam bei den Männern nicht gut an.

»Wer soll sie denn zweimal am Tag durch die Stadt kutschieren? Nee«, sagt Heinz, »das geht nicht. Kurze Beine – kurze Wege. Es müssen kleine Klassen geschaffen werden, und die Schulen brauchen mehr Personal. Letztendlich ist die Platanen-Schule ein Symptom der bundesdeutschen Bildungskrise. Aber um noch mal auf das gegliederte System zurückzukommen: Selbst die CDU kann auf Dauer an der Realität nicht vorbeigehen und sollte wenigstens ein Zwei-Säulen-Modell anstreben, also eine verlängerte Grundschule und Gymnasium. Noch ist das System heiliggesprochen wie die Raserei auf der Autobahn.

Aber es ist Unsinn. Wir haben inzwischen eine Siebenteilung: Schnellgymnasium, Normalgymnasium, Gesamtschule, Realschule, Hauptschule, Förderschule und so 'ne E-Schule, das heißt Erziehungsschule, in die Drop-outs aus den Hauptschulen reinkommen, die Kracher, die ein bisschen hämmern dürfen, wo Kollegen arbeiten, deren Engagement mit Geld gar nicht zu bezahlen ist und die höchste Hochachtung verdienen. Es gibt auch eine Schule für Schulschwänzer, also für Kinder, die wieder oder überhaupt auf den Weg gebracht werden müssen.«

Und dann rechnete Heinz diese Zahlen auf die 16 Länder des Bundesgebietes hoch: über tausend verschiedene Lehrpläne und über fünfzig verschiedene Schulformen.

»Zurzeit steigen 94 von hundert Kindern, die die Schule wechseln, in eine Schulform ab: Vom Gymnasium auf die Realschule, von dort auf eine Hauptschule und so weiter. Nur sechs Prozent Aufsteiger! Das vergrämt Kinder, macht Bildungskarrieren kaputt. Wenn Zwölfjährige merken, dass sie unerwünscht sind, dass sie nichts können, ist das eine Katastrophe!«

Franz hatte zu allem bestätigend genickt.

»Aber wir sind ja Realisten«, schob Heinz resignierend nach und grinste.

»Wenn man diesen Irrsinn beendete und in eine Schule für alle mit maximalen Fördermöglichkeiten investierte, wäre vielen geholfen. Dazu Ressourcen von außen – es gibt Ansätze in den Grundschulen, das will ich gar nicht kleinreden –, aber um das vernünftig durchzuziehen, fehlt es an politischem Willen. Und es muss vermieden werden, dass Leute mit Geld ihre Blagen nach amerikanischem Vorbild privat versorgen, wo die Edelgymnasien mit Videotechnik überwacht werden und schwarze, unauffällige Autos in der Straße rumstehen. Hast du noch eine Flasche Roten, Franz?«

Und während mein Bruder neuen Wein holte, erzählte ich Heinz, dass an der Platanen-Schule nun eine Rektorin arbeite, die zwei Schulen leitet, und ich mir nicht vorstellen könne, wie das zu schaffen sei.

»Die finden keinen, der so blöd ist, für das bisschen Geld mehr den Job zu machen«, fing er an, relativierte seine Aussage aber gleich durch die These, dass man eher jemanden für die Funktion gewinnen würde, böte man mehr Zeit, mehr Sekretärinnenstunden, vernünftige Hausmeister, die sich kümmern.

»In Neuenthal sind 22 Hausmeisterstellen gestrichen worden, auch Hausmeister müssen sich jetzt um zwei, drei Schulen kümmern. Und noch mal zum Job des Rektors: Es werden keine Manager gebraucht, Schule ist kein System wie eine Fabrik. Die Schule ist ein sozialer Organismus, der kann sich entwickeln, aufblühen oder – absterben.«

Franz brachte eine neue Flasche, entkorkte sie und goss uns ein. Ich hatte genug vom Thema Schule, nahm mein Glas und ging ins Wohnzimmer zu den anderen.

22

Jetzt, wo ich das schreibe, ruft meine Freundin Antonia aus Berlin an. Sie war vor vielen Jahren dorthin gezogen, und wir halten losen Kontakt. Wir reden zunächst natürlich übers Wetter, endlich ein Winter wie lange nicht mehr. Der Schäfersee trug das erste Mal seit 13 Jahren eine Eisschicht, aber aus Hubschraubern hatte die Polizei die Leute vom See vertrieben, weil das Eis zu brechen drohte. Tausende waren an diesem Wochenende am See unterwegs gewesen. Vor dem »Seesternchen« standen Liegestühle, in denen dick angezogene Menschen mit Sonnenbrillen auf den Nasen Glühwein und Champagner tranken und Würstchen aßen. Die Würstchen waren viel zu schnell alle, mit einem solchen Andrang hatte der Wirt nicht gerechnet. Als ich das sah, dachte ich, wie sehr Karin dieses Herumgeliege und -gegucke gefallen hätte.

Wir reden also eine Weile übers Leben im Allgemeinen und unseres im Besonderen, bis Antonia einen Workshop in einer Grundschule erwähnt und ich nachhake. Sie spielt seit einiger Zeit in einer Laiengruppe, die sich »Theater der Erfahrung« nennt. Diese Gruppe hat in der vierten Klasse einer Grundschule in Schöneberg, einem Berliner Stadtbezirk mit sozial gemischter Bevölkerung, einen Gestik-Workshop zum Thema Streiten organisiert. Nun arbeitet sie an vier Tagen mit den Zehnjährigen. Dass in dieser Klasse dreißig Kinder unterschiedlicher Nationen von einer Lehrerin unterrichtet werden, erwähnt sie nebenbei. Sie bewegt etwas anderes. Die Kinder sollten ein großes, rotes Tuch als wechselnden imaginären Gegenstand von einem zum anderen geben. Mal war das Tuch ein

Geschenk, das mit einem Lächeln weitergereicht wurde, mal ein Ball, mal etwas Schweres. Einmal sollte es ein Baby sein. Ein hübscher, ausgeschlafener Junge, Antonia nennt ihn Ali, hatte das Tuch zart im Arm gehalten, es gewiegt auf rührende Weise. Und dann war das Tuch etwas ganz Gefährliches. Einer hatte beherzt zugegriffen, eine zaghaft, einer ängstlich, eine mit Abscheu – je nach Temperament. Ali hatte das Tuch in die Mitte des Stuhlkreises geschmissen und gesagt: So, jetzt platzt die Bombe.

Wieso Bombe, davon war doch nicht die Rede, hatte sich Antonia gewundert. Und zur Antwort bekommen: Wenn ich ’ne Bombe schmeiße, komme ich in den Himmel.

Was für eine Vorstellung von der Welt, was für ein Vorbild hat dieser Zehnjährige? Antonia hatte die Lehrerin nach dem Kind gefragt: libanesische Herkunft, die Eltern habe sie noch nie gesehen. Antonia redet wie aufgezogen, jetzt ist sie bei einer Diskussion unter dem Motto »Soziale Stadt« mit Berlins Innensenator und dem Bürgermeister von Berlin-Neukölln, über die in der Presse berichtet worden war: Die soziale Lage dieses Stadtgebiets habe sich in den vergangenen zehn Jahren katastrophal verschlechtert, die Tendenz gehe weiter nach unten.

»Warte mal, ich hol die Zeitung«, sagt Antonia am anderen Ende der Leitung und liest dann einige Zahlen vor. Hauptproblem sei der Ehegattennachzug für türkische Staatsbürger. Von den innerhalb eines Monats knapp 130 eingereisten Frauen hätten 81 keinen Schulabschluss, das sind 64 Prozent. Nur zehn Frauen hätten eine dem Abitur vergleichbare Schulbildung. Ein Fünftel stamme aus einem »landwirtschaftlich geprägten Dorf«. Nur etwa dreißig Prozent der Grundschüler kämen regelmäßig zur Schule. Der Anteil der Kinder ohne Förderung steige. Vielen Eltern sei es egal, was mit ihren Kindern passiere, habe eine Lehrerin beklagt. In zehn Jahren werde Nord-Neukölln eine Migrantenstadt sein.

Wie Ostende, denke ich. Da man die Kinder nicht auf Schulen in anderen Stadtbezirken verteilen kann, müssten in solchen Problembezirken die besten Schulen sein, damit auch bessergestellte und bildungsbewusste Eltern ihre Kinder dorthin geben. So aber ziehen diese Menschen weg, um ihren Kindern einen besseren Start zu ermöglichen.

Ich hoffe und wünsche, dass die Politiker so schlau sind, das zu verteilende Geld in die Ausbildung der Kinder zu stecken; dass es Pflicht wird, Kinder mit drei Jahren in einen Kindergarten zu geben, wo sie ordentlich Deutsch sprechen lernen, damit sie eine Chance haben. Schon jetzt weiß die Wirtschaft mit den Heerscharen ungebildeter Schulabgänger nichts anzufangen. Was soll werden aus den Kindern, die bereits in der Schule begreifen, dass sie keine Chance haben? In einer Studie las ich, dass bereits 11-jährige Hauptschüler sich keine Chance mehr in unserer Gesellschaft ausrechnen.

Mir fallen die »Memoiren einer Überlebenden« von Doris Lessing ein: Ein Horrorszenario ähnlich Orwells »1984«. Sie schildert den Zusammenbruch der besten Gesellschaftsordnung, die wir kennen; der Staat mit all seinen Systemen – Verwaltung, Lebensmittelversorgung, Verkehr, Kommunikation – funktioniert nicht mehr. Horden von streunenden Kindern und Jugendlichen ziehen durch die Städte auf der Suche nach Nahrung, nach Gemeinschaft, nach Zukunft.

Die Ausbrüche arbeits- und hoffnungsloser Jugendlicher in den Pariser Banlieues 2005 und in Athen im Winter 2008 – sie könnten der Beginn einer Realität sein, die sich so global ausbreiten wird wie die Wirtschaftskrise, wenn nicht sofort etwas Einschneidendes passiert.

Der Brandbrief der 68 Schulleiter aus Berlin-Mitte ist eine klare Bankrotterklärung, die für das ganze Land steht. Sie fordern mehr Unterstützung für Schulen in sozialen Brennpunkten, fordern Schulpsychologen und Sozialarbeiter, mehr Hausmeister und Sekretärinnen, ausreichend Geld für Räume, um Ganztagsschulen einzurichten. Und sie bitten um Wertschätzung ihrer Arbeit und endlich eine ehrliche Diskussion über ihre bittere Realität.

Und das ist nicht nur ein deutsches Problem. Ich erzähle Antonia von meinem jüngsten Kinobesuch. »Die Klasse« ist ein bedrückender französischer Film, François Bégaudeau, Autor und Hauptdarsteller, selbst Lehrer. Auch dieser Film ist eine komplette Bankrotterklärung. Selten hat ein Lehrer so deutlich seine verfehlten Hoffnungen, seine Schwäche, seine Ohnmacht gegenüber den Schülern, den Behörden, der sozialen Realität gezeigt. Am Ende des Films sagt ein Mädchen dem Lehrer sehr ruhig und sehr traurig: Ich habe nichts gelernt. Und das könnte auch ein Jugendlicher in Berlin-Mitte oder Ostende sagen.

23

Am ersten Samstag im November feierte Norbert seinen Geburtstag. Er hatte mich zwar auch eingeladen, aber mehr noch folgte ich Karins Wunsch nach Begleitung. Obwohl sich Norbert und seine Frau viel Mühe gegeben hatten, den Nachmittag angenehm zu gestalten, blieb die Stimmung gedrückt. Anna erzählte zwar launig von ihrer neuen Schule, auch Öczan, der mit seiner Frau gekommen war, schien unbeschwert. Aber Karin und Norbert war anzumerken, wie schwer es ihnen fiel, Normalität vorzuspielen.

Karin begann, sich zu verändern. Obwohl sie nicht zugenommen hatte, schien sie mir behäbiger, matter. Ihr früher so ansteckendes, spontanes Lachen wirkte jetzt appellativ, wie Psychologen das nennen. Ihre Augen lachten nicht mehr mit, und ihr Mund wollte nur die tiefe Enttäuschung verbergen und bitten: Tu du mir nicht auch noch weh! Sie knipste ihr Lachen an und aus wie eine Lampe. Und sie betätigte den Schalter so oft, als habe sie Angst, das Lachen könnte ganz und gar erlöschen.

Ich hatte ein paarmal versucht, mit ihr über den Schulratsbesuch zu reden, vergeblich. Als ob sie sich in einer Art Schreckensstarre befand, verbot sie sich das Thema.

Einmal, wir lümmelten in ihren Ledersofas, draußen dämmerte es, sie hatte die Stehlampe neben dem Riesen-Ficus eingeschaltet und eine Platte von Leonard Cohen aufgelegt, brachte ich erneut das Gespräch darauf. Karin hatte keine Lust gehabt, irgendwo essen zu gehen, wir hatten uns Brote gemacht und Tee, die Stimmung war also geeignet zum Reden. Aber Karin schwieg.

Ich hatte ihr eine stationäre Therapie empfohlen, damit sie mit jemandem reden, Leidensgenossinnen kennenlernen könne, aber sie schüttelte nur den Kopf. Ich hatte ihr angeboten, eine geeignete Klinik zu suchen, Kontakte zu knüpfen, auf all das reagierte sie ablehnend. Nein, sie könne ihre Klasse nicht im Stich lassen, die Kinder brauchten sie schließlich, nein, sie war nie krank, also würde sie auch diesmal durchhalten. Immerhin hatte sie sich aufgerafft, bei der Therapeutin, die Anna ihr genannt hatte, einen Termin zu vereinbaren.

Manchmal klagte sie über Rücken- und Kopfschmerzen. Und ich erklärte ihr gebetsmühlenartig mein angelesenes Wissen: Lass dir helfen! Wir haben Nervenzellen, die sowohl für die Wahrnehmung körperlicher als auch seelischer Schmerzen zuständig sind. Gegen seelische Schmerzen helfen weder Physiotherapie noch Analgetika. Schmerz frisst die Seele auf! Und so kommt der Teufelskreis in Gang. Bis du überhaupt nicht mehr kannst.

»Solange ich Freundinnen wie dich habe, werde ich mich wieder aufrappeln, ich brauche nur ein bisschen Zeit.«

Sie knipste ihr Lachen an und hielt das Gespräch darüber für beendet.

In Norberts Geburtstagsrunde spielte sie wieder die Muntere. Vielleicht auch, um Norbert, den wie sie als »Minderleister« Deklassierten, mit ihrer aufgesetzten Zuversicht mitzureißen. Sie erzählte vom Fastenbrechen, dem sie am Tag zuvor mit einigen ihrer Schüler und deren Familien in der Moschee beigewohnt hatte. Die Moschee steht nur unweit der Platanen-Schule, und Karin war des Öfteren dagewesen.

Jemand schlug vor, spazieren zu gehen. Die Sonne schien immer noch ungewöhnlich warm für November. »Gestern Abend haben wir sogar noch Fledermäuse ums Haus jagen sehen«, sagte Norberts Frau, »dabei müssten die sich doch für den Winterschlaf rüsten!«

Wir gingen an einem Bach entlang. Ein paar Mücken schwärmten noch durch die Luft, sogar Marienkäfer sah ich, die wohl auch noch keine Lust auf Winterschlaf verspürten. Als der Weg schmaler wurde, zog sich die Gruppe auseinander. Die Spitze bildeten Norbert, seine Frau und das befreundete Ehepaar, dahinter gingen Karin, Stefan und Öczan, zum Schluss Anna, Öczans Frau und ich.

Natürlich drehten sich die Gespräche vor uns wieder um die Schule. Alle plagte das Gefühl, den Anforderungen nicht zu genügen, da sie jeden Tag spürten, die Benachteiligungen ihrer Schützlinge nicht ausgleichen zu können, so sehr sie sich auch abstrampelten.

Karin dachte gerade laut darüber nach, ob sie dieses Jahr den Kindern wieder Schokoladennikoläuse auf die Tische stellen sollte. Bis Norbert sie daran erinnerte, dass sie im vergangenen Jahr die Hälfte angefressen im Papierkorb gefunden hatte.

»Wenn du unbedingt was für sie tun willst, kauf ihnen Buntstifte oder anderes Material, das sie brauchen«, sagte Norbert.

»Mach ich doch sowieso immer«, sagte Karin.

»Da sitzen die Kinder in einem Raum – die einen mit der Butterbrotdose, die anderen vor ihrem warmen Essen, das riecht natürlich im ganzen Raum und steigt allen in die Nase –, es ist grausam!«, klagte etwas später Öczan. Der Besuch einer offenen Ganztagsschule ist freiwillig. Gedacht war es für Kinder von Berufstätigen, aber es kommen auch Kinder, die in der Schule besser aufgehoben sind als zu Hause. Doch das Mittagessen kostet vierzig Euro im Monat, und das können sich nicht alle leisten.

»Als wir das einführten, wollten wir Ganztagsschule nur mit Mittagessen für alle anbieten«, erklärte Stefan. »Dann sind wir hinter dem Geld hergelaufen, saßen in den Miesen, weil die Eltern nicht bezahlt haben. Seit geraumer Zeit bieten wir das nun mit und ohne Essen an – und das Ergebnis tut einem in der

Seele weh. Frau Göbel treibt zwar immer wieder Geld auf, aber wir können nicht alle Spenden für das Mittagessen ausgeben.«

»Apropos Frau Göbel: Stimmt es, dass ihr euch duzt?«, fragte Norbert, indem er sich zu Karin umdrehte.

»Stimmt«, bestätigte Karin. »Ich weiß auch nicht, warum. Sie hat es mir angeboten, als wir über die Möglichkeit eines Lehrerausflugs redeten. Sie hat wohl erfahren, dass ich diese Ausflüge immer vorbereitet hab.«

»Würg«, machte Anna leise zu mir und flüsterte, Karin fühle sich der Rektorin seit der Minderleister-Geschichte sicher ausgeliefert. Und dann kamen sie unweigerlich auf Jahnke zu sprechen, und Öczan meinte, eigentlich sei der nett. Und Öczans Frau, die in einem Schulamt arbeitet, schwärmte von einem anderen sehr netten Schulrat, der immer freundlich sei, immer ein offenes Ohr für die Probleme anderer habe: »So wie er muss ein Schulrat sein, der vermittelt Vertrauen.«

Öczans Frau rückte auf zu ihrem Mann. Anna und ich bildeten jetzt allein den Schluss. Leise erzählte sie mir, dass Öczan sich mit Frau Göbel angelegt habe, den Grund erklärte sie in einer längeren, mäandernden Geschichte, die ich nicht sehr aufmerksam verfolgte. Ich merkte erst wieder auf, als sie sagte: »Da beißt man bei Öczan auf Granit, schließlich hat er in der Türkei nicht als Politischer im Gefängnis gesessen, um sich in Deutschland rumkommandieren zu lassen.«

Dazu erfuhr ich nun nichts Näheres, denn Anna erzählte nahtlos weiter: »Er macht keinen Vertretungsunterricht mehr, früher hat er immer ausgeholfen, wenn Kurt ihn darum gebeten hatte, auch um uns zu helfen. Die türkischen Kollegen waren sehr oft als Team-Teacher bei uns im Unterricht, als Fördermaßnahme für die türkischen Kinder, und wenn eine Kollegin oder ein Kollege sich krankmeldete, wurden sie um Vertretung gebeten, damit jede Klasse versorgt war. Das bedeutete natürlich, dass die Fördermaßnahme ausfiel.«

Und dann kam sie auf den unbearbeiteten bürokratischen Krempel zu sprechen, den wohl jeder irgendwo bei sich herumliegen hätte. Sie jedenfalls leide unter dem Druck, dass die Schulaufsicht irgendwann vorbeikäme und darauf stieße. Die Minderleister-Aktion hätte diesen Druck verstärkt. »Nur bekommen die, denen man solche Versäumnisse nachweisen kann, im Gegensatz zu Bankern keine Millionenabfindung, sondern eine Fahrkarte in die Depression.«

Annas Worte müssen an Karins Beherrschung gerüttelt haben, denn sie, die dicht vor uns ging, drehte sich wie erschrocken herum. Öczan versuchte, sie aufzuheitern, was ich erleichtert wahrnahm, waren mir doch die Trostworte ausgegangen.

Irgendjemand griff das Stichwort »Unter den Kastanien« mit »Wisst ihr noch?« auf und schwärmte von den Abenden voll anregender Gespräche.

»Und wisst ihr noch, wie erschrocken Kurt war, als wir ihm zum Abschied einen Gutschein für eine Ballonfahrt zu zweit geschenkt haben? Und wie begeistert er danach vom Ballonfahren gewesen war?« Und unter weiteren »Und wisst ihr noch?« klang die Stimmung wieder in Dur.

24

MITTE NOVEMBER WURDE DAS Wetter so ungemütlich, wie es der Monat vorschrieb. Bodenfrost und Nieselregen, die Tage rattengrau. Gegen Ende des Monats dann der erste Schnee, der natürlich nicht liegenblieb, aber eine Ahnung von Vorweihnachtszeit mit sich brachte.

Ich sah Karin selten. Jede von uns war froh, sich nach getaner Arbeit zu Hause einkuscheln zu können. Sie hatte sich angewöhnt, nach der Schule ein, zwei Stunden zu schlafen und sich dann erst über ihren Schulkram zu machen. Das erzählte mir Sabine, die ich in der Fußgängerzone traf. Sie sorgte sich, weil Karin so antriebslos geworden sei.

»Sportlich aktiv war sie ja nie, aber jetzt wird sie träge«, klagte sie.

Und auch ich konnte Karin nicht motivieren, vor die Tür zu gehen, wenn es nicht sein musste. Wir telefonierten häufig, tauschten Belanglosigkeiten aus. Ihrer Seele schien es besser zu gehen. Die Therapeutin hatte ihr ein Psychopharmakon verschrieben. »Das werfe ich ein, dann geht's mir besser.«

Mehr mochte sie dazu nicht sagen.

Einmal fragte sie mich, ob ich Lust hätte, zu Weihnachten mit zu ihren Eltern zu kommen; wir könnten uns in dem kleinen Hotel am Bach einnisten und ein paar Tage dort im Münsterland bleiben. Wahrscheinlich fürchtete sie sich vor der Tristesse ihres Elternhauses.

Ich dachte nach. Heiligabend verbrachten Frank und ich mit seinem Sohn, den ersten Feiertag bei meinem Bruder und dessen Familie. Franks Dienstplan sah einen Kurzstreckenflug am zweiten Feiertag vor. Er spielte mit dem Gedanken, aufzuhören mit der Linienfliegerei und einen Job als Fluglehrer zu suchen, das war jedoch noch nicht so weit. Ich freute mich auf einen Tag ganz für mich allein, ohne Verpflichtungen, ohne Gespräche.

Karin hatte mal erzählt, wie Weihnachten im Hause Hübner aussah: Sie schmückte, meist gemeinsam mit den Kindern ihres Bruders, den Weihnachtsbaum, ihre Mutter versuchte alle Jahre wieder abzuwehren: Aber Kind, wozu die Wirtschaft? Freute sich dann wohl doch über das Einhalten der Tradition. Früher war man in die Kirche gegangen; doch da die Kirchen Heiligabend voll sind, muss man mindestens eine Stunde vorher da sein, und das war Karins krebskranker Mutter nicht mehr zuzumuten.

Also saßen sie zu dritt im Wohnzimmer und guckten den zwar schön geschmückten, aber unbeleuchteten Baum an. Und gegen sechs Uhr wurde das Gucken beendet. Ihr Vater verzog sich auch am Heiligabend, wie an jedem Abend, nach dem Abendläuten nach oben, um schlafen zu gehen. Schlief er wirklich so früh? Keine Ahnung. Karin und ihre Mutter saßen jedenfalls den Rest des Abends in der Küche, um den Vater nicht zu stören. Für ihren Vater habe Karin ein zu lautes Organ gehabt, laut und poltrig, das rühre wohl her von der Arbeit mit diesen behinderten Kindern, doch zu Hause sei das höchst unpassend. Karin trank vielleicht ein Glas Wein oder ein Bier, sie aßen Kartoffelsalat und Würstchen. Und schonten die echten Kerzen am Weihnachtsbaum fürs nächste Jahr und dann fürs übernächste und so weiter.

Ich wusste von Sabine und Nikola, die das erlebt hatten: Jedes Mal startete sie fröhlich zu ihren Eltern, schon wegen ihrer Mutter, an der sie hing. Und fast jedes Mal fuhr sie weinend ab. Offenbar schaffte der Vater es binnen Stunden, ihr das Gefühl von Minderwertigkeit zu vermitteln. Warum nur? Wie ist dieser Mann erzogen worden, was hat er erlebt, was hat ihn derart enttäuscht, dass er so strikt darauf achtete, seine Gefühle zu verbergen? Und dass er seine Lebensenttäuschung oder was immer ihn so gemacht hat, in seine Tochter hineinpackte und von ihr erwartete, dass sie so wie er funktionierte?

Ich kann mir vorstellen, wie so etwas wirkt. Introjektion nennen Psychologen das, die Stimme ihres Vaters, die sie nicht loslässt, die sie entwertet und ihr einflüstert: Du bist nichts wert, du kannst nichts. Manche Menschen können sich gegen solche Introjekte wehren und mit einer ins Gegenteil verkehrten Haltung reagieren: Wurde einer mit Geiz erzogen, könnte er besonders großzügig werden, Menschen mit Komplexen besonders offensiv. Karin setzte ihre Auflehnung in ein Gegenprogramm um. Sie nahm sich mit liebevoller Mütterlichkeit gerade derer an, denen das Schicksal nicht so reiche Gaben in die Wiege gelegt hatte. Und das funktionierte jahrzehntelang wunderbar – bis sie unter Druck geriet, bis die inneren Despoten äußere Verbündete bekamen in Gestalt dieser Inquisitionsbehörde unter Herrn Jahnke. Vielleicht war sie deshalb nicht in der Lage, sachlich zu reagieren, weil die Angst ihr die Luft nahm. Und in dieser Krisensituation brach dann das durch, was sie immer bekämpft hatte: das entwertende Introjekt. Ja, sie hatte diesen nervenden Bengel Jeremy in jener Vorführstunde angefaucht, aber zeige man mir den, der da nicht gelegentlich die Beherrschung verloren hätte. Und natürlich hatten die Kinder ihre Unsicherheit gespürt und waren einmal mehr aus der Spur geraten. Sie deshalb aber als Minderleisterin ohne Empathievermögen abzustempeln? Schließlich war es doch dieser ganze Aufmarsch, der die Situation erzeugt hatte.

Wie kam ich nur wieder auf dieses Thema? Ach ja, Weihnachten.

»Du bist zeitlebens für das verantwortlich, was du dir vertraut gemacht hast«, sagt der Fuchs zum kleinen Prinzen. Karin hatte ich mir vertraut gemacht, deshalb fiel es mir so schwer, ihren Wunsch abzuschlagen.

Karin musste die Tristesse des Heiligen Abends überstehen. Am ersten Feiertag würden ihr Bruder, die Schwägerin und deren Kinder ins Haus ihrer Eltern kommen. Die Schwägerin, eine leise, warmherzige Person, mit der sie sich gut verstand, würde den Weihnachtsbraten mitbringen. Und mit ihrem Neffen und ihrer Nichte würde Karin auch Spaß haben. Den zweiten Feiertag würde sie in deren Haus verbringen. Sie würde also nicht allein sein, beruhigte ich mich. Ich sagte ihr ab und freute mich auf ein paar Mußestunden.

Aber wir blieben in Kontakt, planten für den Sommer wieder eine gemeinsame Reise. Italien? Ja, sehr gern! Wollen wir nach Apulien? Gute Idee. Das Pläneschmieden brachte sie in Schwung, und mir vertrieb es das schlechte Gewissen ihr gegenüber.

25

ENDE JANUAR RIEF KARIN eines Abends an: Anna sei krank. Zehn Wochen habe sie in einer psychiatrischen Klinik verbracht, nun sei sie wieder zu Hause und würde sich über Besuch freuen. Anna? Die starke Anna? Burn-out? Welcher Lehrer ist eigentlich noch gesund?

Wir kauften Blumen, Wein und Konfekt und fuhren zu Anna. Sie wohnt mit ihrem Lebensgefährten in einer großen, hellen Wohnung unterm Dach. Als ich auf ihrem Sofa saß, fielen mir zwei Dinge ins Auge: ein breites, langes Fensterbrett voller selbst gefertigter Tonplastiken, darunter runde, pralle, bunte Nana-Figuren, wie sie einst Niki de Saint Phalle geschaffen hatte, und dem Sofa gegenüber, im angrenzenden Zimmer, ein die gesamte Wand einnehmendes Regal voller Aktenordner und Papier.

Die Nana-Figuren waren offensichtlich ein Ergebnis ihres Klinikaufenthaltes, das Papier im Regal eines ihres Berufs.

»Wir versinken in Material, wenn wir jedem Kind was zur Verfügung stellen wollen, womit es arbeiten kann. Meine Regalwand in der Schule quillt schon über. Man wird zugeschmissen mit Mist, es ist ein Geldverschleudern ohne Ende. Ich habe hier schon sehr aufgeräumt, um den Blick von der Schule wegzunehmen, um mir andere Bereiche zu eröffnen. Es gibt noch ein Leben neben der Schule!«

Jetzt lachte sie zum ersten Mal an diesem Nachmittag.

Nach sehr aufgeräumt sah mir das immer noch nicht aus.

»Du kommst doch ohne so viel Kram aus?«, fragte ich Karin. Auch die lachte jetzt:

»Ich hab das meiste auf dem Dachboden deponiert, da sieht es außer mir keiner.«

Wahnsinn, dachte ich. Arbeitszimmer dürfen Lehrer nicht mehr von der Steuer absetzen, aber sie legen einen Fundus an, der in meiner Kindheit für eine ganze Schule gereicht hätte. Ich ging ins Nebenzimmer und guckte mir das Regal aus der Nähe an. Doch der Inhalt erschloss sich mir nicht.

Als ich auf die Ordner starrte, fiel mir ein, was Heinz damals, am Geburtstagsbüfett meines Bruders erzählt hatte: Die Gewerkschaft Erziehung und Wissenschaft habe vor Jahren ermittelt, dass Lehrer in NRW aus ihrer privaten Schatulle für etwa 120 Millionen Euro Material in die Schulen einbringen. Heinz hat beispielsweise neben den obligatorischen Arbeitsblättern und Büchern eine Sammlung von Geschichtsfilmen angelegt, die in seiner Wohnung keinen Platz mehr findet. Und sein Kollege, ein Techniklehrer, würde Autoladungen voll Zeug aus dem Baumarkt anschleppen. Lehrer müssten wie Eichhörnchen sein und horten.

Ich ging zurück zu Anna und Karin.

»Die arbeiten nach dem systemischen Ansatz, es geht viel um innere Wertschätzung, um positive Vorstellungen.«

»Und was für Menschen waren mit dir in dieser Klinik?«, fragte ich. »Die meisten waren Lehrer, ein paar Ärzte. Einige der Ärzte leiden übrigens am sogenannten Hochstaplersyndrom«, erzählte Anna. Die Betroffenen müssten stets souverän und intelligent erscheinen, hätten jedoch das Gefühl, überschätzt zu werden und den eigenen Erfolg nicht verdient zu haben.

Bei Lehrern ist das genaue Gegenteil der Fall, wie Anna auch gleich bestätigte:

»Dass so viele Lehrer da waren, zeigte mir, dass unsere Leistungen nicht anerkannt werden. Was mich erschreckt hat: Nur jeder Zweite kehrt in den Schuldienst zurück. Von zehn Patienten kann einem gar nicht geholfen werden, die anderen neun kriegt man einigermaßen wieder hin. Das hängt natürlich auch vom sozialen Umfeld ab, aus dem einer kommt. Viele stehen vor dem Problem, nicht wirklich gesehen, nicht anerkannt zu werden für das, was sie tun. Es war für mich eine wichtige Erfahrung, weil ich mich seither nicht mehr allein und minderwertig fühle.«

Ob sie das gesagt hat, um Karin zu trösten oder zu einer ähnlichen Therapie zu bewegen, weiß ich nicht. Karin guckte freundlich-interessiert von einer zur anderen, als habe dieses Thema nicht auch sehr stark mit ihr zu tun. Sie hielt sich an ihre Scheißegal-Pillen, wie sie sie nannte. Offenbar sind die heute so beschaffen, dass sie keine unerwünschten Nebenwirkungen zeigen.

Anna erzählte weiter: »Viele Eltern trösten ihre Kinder, wenn die mit schlechten Noten nach Hause kommen: Die Lehrerin kann dich nur nicht leiden. Das ist fatal. Und unsere Bildungsministerin vermittelt der Öffentlichkeit: Mit einer guten Lehrerin, einem guten Lehrer können Kinder alles erreichen, die Welt steht ihnen offen. Und die Kolleginnen und Kollegen nehmen sich Zeit für alle Fragen! Ich möchte mir auch Zeit nehmen für Elterngespräche, man ist ja froh über jeden, der sich für sein Kind interessiert. Manche machen aber noch zusätzlichen Druck zu dem von oben. Man muss den Eltern klarmachen, dass sie ihren Kindern nichts Gutes tun, wenn sie sie ermutigen, ihre Lehrer zu entwerten. Lehrer brauchen endlich eine höhere Wertschätzung, mehr gesellschaftliche Anerkennung.«

Eigentlich waren bei uns Lehrer immer schon Zielscheibe von Spott und Aggressionen, gleich, ob sie sich Autorität erkämpft hatten oder nicht. Siehe der biedere, Pfeife rauchende Lehrer Lämpel bei Wilhelm Busch oder die Herren Crey und Bömmel, denen von Johannes Pfeiffer, Pfeiffer mit drei »f«, in der »Feuerzangenbowle« übel mitgespielt wird. Auch Erich

Kästner erlebte einen Lehrer, der bezeichnenderweise Bremser hieß, als desillusionierend für die Knaben. Und wurde geschlagen vom knochenharten Herrn Lehmann, für den »dreißig Schüler 25 zu viel waren«. In seinen Erinnerungen »Als ich ein kleiner Junge war« schrieb er über diesen Lehrer Lehmann, der aus Verzweiflung die Kinder schlug: »Er verstand nicht, dass wir nicht verstanden, was er verstand.«

Und er zog das beklagenswerte Resümee: »Echte, berufene, geborene Lehrer sind fast so selten wie Helden und Heilige.«

Oder denken wir an Hermann Hesses »Unterm Rad«: Rektor, Lateinlehrer und Stadtpfarrer verloren das Interesse an dem Schüler Hans Giebenrath, denn »er war kein Gefäß mehr, in das man allerlei hineinstopfen konnte, kein Acker für vielerlei Samen mehr; es lohnte sich nicht mehr, Zeit und Sorgfalt an ihn zu wenden«.

»Unser Lehrer Dr. Specht« war wohl bislang der einzige mediale Versuch, das positive Bild eines Lehrers zu zeichnen. Ansonsten werden gerade heute Autoritäten ungestraft demontiert, schlagen ihnen die Aggressionen ungefiltert entgegen. Und in einem System, das ohne wechselseitigen Respekt auszukommen versucht, müssen alle pädagogischen und didaktischen Tricks scheitern. Motivierte Lehrer motivieren ihre Schüler, demotivierte, entwertete Lehrer demotivieren ihre Schüler.

Anna war mir vor ihrer Krankheit sehr motiviert erschienen. Die Kinder seien gar nicht das Problem für sie gewesen, sagte sie. Aber das Drumherum, das sei einfach zu viel geworden. Mal abgesehen von dem überbordenden Papierkram, Reinigungskräfte würden nur noch die Fußböden wischen, die Lehrer würden putzen und Staub wischen, manchmal auch Möbel von einem Stockwerk ins andere schleppen, ausbessern und streichen, »sonst sähen die Klassenzimmer aus wie Sau«.

Anna ging in die Küche, um Kaffee zu machen. Karin beguckte sich die Figuren auf dem Fensterbrett.

Als Anna mit dem Kaffee kam, stellte ich immer neue Fragen, um sie erzählen zu lassen. Karin hörte stumm zu, sehr nachdenklich.

»Natürlich war die gesellschaftliche Situation eine ganz andere, als ich angetreten bin. Nein, niemand hat uns darauf vorbereitet, wie wir mit renitenten, bildungsunwilligen, bildungsfernen, verhaltensauffälligen, emotional verwahrlosten Kindern und Familien umzugehen haben. Fortbildungen hab ich genug gemacht, aber darüber nichts erfahren. Ich bin an eine Grundschule gegangen, weil ich glaubte, Kindern ohne Druck etwas beibringen zu können. Sie sollen Freude haben am Lernen. Das ist das Wichtigste, damit sie die Bereitschaft behalten, ein Leben lang zu lernen. Das muss man heute, um überhaupt klarzukommen. Ideen hab ich ne Menge – aber keine Zeit, auch nur eine in dem vorgegebenen Rahmen verwirklichen zu können.«

Und dann redeten Anna und Karin über Sachunterrichtsthemen, die sich mit anderen Fächern verbinden lassen, was sinnvoll sei, darin waren sie sich einig, was aber sorgfältig vorbereitet werden müsse.

»Sagt doch mal ein Beispiel«, bat ich.

»Zum Beispiel Müll«, hob Anna an. »Du glaubst nicht, wie ergiebig das Thema sein kann: Man könnte Kunst aus Müll machen, besprechen, wie man Müll vermeidet oder minimiert, wie Müll beseitigt, wie berechnet wird. Wir denken uns also das Thema aus und beschaffen alle Arbeitsmaterialien, wie Fragebögen, Rechenaufgaben, Lesetexte, wir suchen und knüpfen Kontakte – man könnte mit den Kindern eine Papierfabrik oder Mülldeponie besuchen. Aber so etwas in einem Affenzahn durchzuziehen ist unbefriedigend für beide Seiten.«

Karin nickte bestätigend.

»Und dann kommt so ein Kramladen zusammen wie dort drüben«, sie zeigte auf ihr Regal, »weil in der Schule kein Platz ist, um das aufzubewahren, und man das eine oder andere mal wieder gebrauchen könnte.«

»Was hat dich so krank gemacht, Anna?«

Sie guckte mich eine Weile mit ihren großen, braunen Augen an:

»Ich weiß nach einer Woche, welches Kind welche Probleme bekommen wird. Und ich weiß, ich kann es nicht davor bewahren. Du glaubst nicht, mit welchem Spaß die Kinder in die Schule kommen. Alle. Da kommt keines, das keine Lust auf Schule hat. Und die wird nur allzu schnell verdorben – durch schlechte Zensuren, die man ihnen geben muss, wenn sie nicht mithalten.«

»Würde es helfen, den Lernstoff zu entrümpeln?«, frage ich. »Und müssten heute nicht Ernährung, soziales Verhalten, Haushaltsführung und wieder mehr schöpferische Fächer gelehrt werden? In denen könnten sogar Zensuren wegfallen.«

Darauf sprang Anna sofort an: »Wenn ich was zu entscheiden hätte, würde ich Zensuren in den unteren Klassen abschaffen. Lernen mit Zensuren ist kontraproduktiv, weil es Druck erzeugt, das hat die Gehirnforschung bewiesen. Nur wenn Kinder positive Erfahrungen mit Lernen machen, lernen sie gern. Viele verweigern das Lernen, sobald sie Misserfolge spüren. Wer will sich schon jeden Tag bestätigen lassen: Ich bin zu blöde. Und die Klassen müssten kleiner sein, um auf jedes Kind eingehen zu können. Wie klein? Das kommt auf die Kinder an. Wenn es schwierige sind, sind zehn noch zu viel, weil jedes intensive Zuwendung braucht. Da kann man nicht ein Sammelsurium minder oder gar nicht begabter Kinder haben und hoffen, dass es irgendwie klappt.«

Wir redeten über den Bildungsauftrag des Staates, der diesem schon lange nicht mehr gerecht wird. Die Mittelschicht schickt ihre Kinder auf Privatschulen, »wo auf sieben Plätze 200 Bewerber kommen«, wusste Anna.

»Warum bist du Lehrerin geworden?«, fragte ich Anna.

»Weil ich den sozialen und politischen Anspruch hatte, Kindern zu helfen, die von den Eltern keine guten Startmöglichkeiten bekommen haben.«

»Und was willst du tun?«

»Noch bin ich krankgeschrieben. Erst mal will ich gesund werden. Das brauche Zeit, sagt mein Arzt. Ich spüre auch, dass ich noch nicht stabil genug bin, um mich in der Alltagsmühle behaupten zu können, ohne gleich wieder umzukippen.«

Karin, deren Anteil am Gespräch in zustimmendem Nicken oder anderen unterstreichenden Gesten bestanden hatte, guckte Anna erstaunt, fast erschrocken an. Aber auch dazu schwieg sie.

26

Ich finde es recht bemerkenswert, wenn eine Lehrerin mit ihrer Klasse in einer Jugendherberge übernachtet, die näher an ihrer komfortablen Wohnung liegt als ihr Arbeitsplatz Schule. Für die Kinder jedoch bedeutete diese Klassenfahrt eine richtige Reise. Einige kennen das Heimatdorf der Eltern in der Türkei, die meisten jedoch haben noch niemals eine Tour gemacht, die außerhalb von Ostende endete. Und nun eine Fahrt von etwa einer Stunde mit der Straßenbahn bis Weststadt, mit einem Bus bis zum Drehkreuz, mit einem anderen bis kurz hinter die Stadtgrenze. Den Charakter des Abenteuers bekam dieser Ausflug nicht nur durch zwei Übernachtungen, sondern auch dadurch, dass man von der Bushaltestelle mit Sack und Pack einen recht steilen Berg hochgehen musste, für reiseunerfahrene Stadtkinder eine ziemliche Herausforderung.

Karin hatte mich gefragt, ob ich Zeit und Lust hätte, sie und die Klasse vor Ostern auf dieser Fahrt zu begleiten, diesmal hätten sich weder Mütter noch Väter als zusätzliche Aufsicht gefunden. Immerhin würden zwei Mütter das Gepäck zur Jugendherberge fahren, sodass jedes Kind nur einen kleinen Rucksack tragen musste.

Zunächst fand ich die Idee nicht verlockend, eine Horde Achtjähriger zu hüten und zu unterhalten. Aber dann kam mir in den Sinn, dass es eine gute Gelegenheit sei, ein paar Kinder zu fotografieren. Kinderfotos werden immer gern genommen. Karin würde die Genehmigung der Eltern einholen. Und außerdem lernte ich ihre Schützlinge, von denen sie so oft erzählte, ein bisschen kennen.

Als ich zum verabredeten Zeitpunkt in die Schule kam, war ich erstaunt über die Veränderungen. Der neue Anbau, in den nun auch Karins Klasse gezogen war, fügte sich gut in das Ensemble, das den Pausenhof samt Bäumen, Tischtennisplatte und Klettergerüst umschloss. In einem Bewegungsraum stand eine neue Kletterwand, in der Bibliothek luden Kissen und Matratzen zum Lesen ein. Es roch nach frischem Holz, die Wände waren hell und in freundlichen Farben gestrichen. Hier war etwas geschehen, von dem Karin mir nicht berichtet hatte. Wer hatte diesen Wandel veranlasst? Und warum redeten Karin und die anderen so wenig darüber? Weil der Umbau und die Renovierungsarbeiten als isolierte Maßnahme keinen Fortschritt brachten? Weil er denen, die die Schule über Jahre anders gekannt hatten, sie ihnen jetzt fremd werden ließ?

Die Klasse versammelte sich in ihrem Unterrichtsraum. Karin begrüßte die Kinder wie immer auf Deutsch und dann auf Türkisch: »Günaydin, çocuklarem«, sie sangen, auch wie immer, ein Lied, und dann stellte sie mich den Kindern vor: »Das ist Frau Schlüter – ihr erinnert euch sicher, dass sie im vergangenen Jahr das Klassenfoto gemacht hat, sie wird uns begleiten.«

Dann bat sie mich, noch einen Augenblick in der Ecke zu warten. Die Kinder guckten interessiert, als ich meinen Rucksack und die Fototasche abstellte, aber Karin drohte in ziemlich forschem Ton, den ich an ihr noch nicht kannte, wer störe, dürfe nicht mitfahren, und so hörten sie einigermaßen aufmerksam Karins Ermahnungen und Anweisungen zu. Sie hielt sich kurz und bat die Kinder, ihre Sachen zusammenzupacken und sich ordentlich anzustellen.

Von den fünf Sintikindern, deren Namen im Klassenbuch standen, waren nur zwei Mädchen anwesend. Sie würden nach den Osterferien mit ihren Familien auf Reisen gehen. Karin legte die Arme um die beiden und drückte sie an sich, wünschte ihnen einen schönen Sommer und dass sie hoffe, sie nach den Herbstferien wiederzusehen. Ihre Mütter standen wie gewohnt auf dem Schulhof bereit, um sie in Empfang zu nehmen. Nie hat auch nur ein Sintikind an einer Klassenreise teilgenommen. Die Sorge der Eltern um das Wohlergehen ihres Nachwuchses ließ derartige Extravaganzen nicht zu.

Später erzählte mir Karin, dass diese beiden Mädchen sehr bemüht und meistens anwesend seien. Im Gegensatz zu einem Jungen, den sie im vergangenen Winterhalbjahr nur ganze vier Tage erlebt habe. Und dem müsse sie ein Zeugnis schreiben! Wie? Was? Irgendwas eben. Im ersten Schuljahr sei er etwas öfter erschienen. Ein bisschen lesen könne er, ein bisschen rechnen auch, schreiben überhaupt nicht. In Rechtschreibung würde er eine Sechs bekommen. Kunst, Musik, Sport wird sie überhaupt nicht beurteilen.

»Er wird das Zeugnis ohnehin nicht abholen, ich werde es abheften und ihm geben, wenn er auftaucht. Wann? Im November, Dezember? Was weiß denn ich.«

»Und hast du mal mit seinen Eltern gesprochen?«

»Ich hab ihnen ein paarmal Briefe geschickt, die kamen zurück. Ich mache das nicht mehr, es ist sinnlos. Man müsste das Schulamt einschalten, Ordnungsstrafen verhängen – aber auch das wäre sinnlos. Wir sollen sie durch die Schule bringen, nicht sitzenlassen. Ende.«

Der Tross formierte sich auf dem Schulhof: Karin, Norbert und ich hüteten nun siebzehn Kinder. Jeremy, Karins verhaltensauffälligster Knabe, und Metin, der mit Cem stets ein Unruhe stiftendes Gespann abgab, fehlten. Ich würde lügen, hätte ich das bedauert.

Die Fahrt verlief weniger schlimm, als ich befürchtet hatte. In der Straßenbahn spielte ich mit fünf Kindern »Ich packe meinen Koffer und was muss mit …«, und als wir am Drehkreuz ankamen, lagen zehn Sachen im Koffer beziehungsweise im Kopf eines Mädchens. Das fand ich recht beachtlich. Allerdings roch das Kind arg nach Rauch, zu Hause musste es wie in einer Eckkneipe vor dem Rauchverbot zugehen. Dafür hatte sich Cem, ein niedlicher Knirps mit wachen, dunklen Augen, seine Haare derart mit Gel zugeschmiert, dass sie aufrecht standen wie die Borsten einer Bürste und nach Bonbon rochen.

Die Jugendherberge, ein moderner, heller Bau, begeisterte mich. Meine Jugendherbergserlebnisse lagen Jahrzehnte zurück: Ich erinnere mich an eine Burg – auch auf einem Berg gelegen, und statt wie wir jetzt auf Felder und Wald, sahen wir damals auf den Rhein. Es gab geräumige Schlafräume für Mädchen und für Jungen, und zum Frühstück Brötchen und große Töpfe voller Marmelade, abends Schwarzbrot, Gummikäse und Jagdwurst. Diese Jugendherberge dagegen ist ein Ferienparadies mit Zwei-, Drei-, Vier-, Fünf- und Sechsbettzimmern, mit modernen Waschräumen, Terrasse und Balkon, mit Frühstücksbüfett und Tischtennisplatten und Sportgeräten.

Karin verteilte die Mädchen, Norbert die Jungen auf die Zimmer. Karin klebte mit Tesa bunt bemalte Pappen an die Türen, um Gruppen erkennbar zu machen: Elefantengruppe, Kängurugruppe, Zebragruppe. Eine praktische Idee, so fanden die Kinder schnell ihre Zimmer, und man musste sie für Spiele nicht immer wieder neu sortieren. Zum Mittagessen gab es Hähnchen mit Pommes, und Norbert berichtete, dass er Tom ein Taschenmesser abgenommen habe, das der offenbar extra für diese Reise von seinem großen Bruder bekommen habe.

Es waren noch andere Schülergruppen im Haus, die sich jedoch nicht ins Gehege kamen.

»Hier gibt es ja gar keine Türken«, bemerkte ein Junge, und mir blieb verborgen, ob er das positiv oder negativ bewertete.

Die drei Tage vergingen für mich schneller als gedacht. Wir fuhren mit dem Schiff über den nahen Schäfersee, den ein

Mädchen für das Mittelmeer hielt. Wir besuchten eine Vollkornbäckerei, in denen sie Teig kneten und zugucken durften, wie daraus Brot wird. Wanderten zu einem großen Drei-Seiten-Bauernhof, und der Bauer erklärte ihnen seine traditionelle Landwirtschaft, die heute unbedingt Bio heißen muss. Ich schämte mich für die Kinder, weil sich der Bauer so viel Mühe gab und geduldig auf die Kinder einging, während die Gören nicht imstande waren, sich länger als zehn Minuten zu konzentrieren und zuzuhören. Sie quatschten, nörgelten, schubsten und boxten sich.

Und an einem Vormittag zogen wir, mit Hämmerchen bewaffnet, auf eine Halde, um Fossilien zu suchen. Norbert erklärte, was es mit Fossilien auf sich habe, und begeisterte die Kinder damit etwas länger als die geduldigen Ausführungen des Biobauern.

Nach dem Abendessen durften die Kinder sich auf dem Hof müde toben und spielen. Aufschlussreiche Szenen gab es dabei zu beobachten.

Da spielten in einer Ecke drei Mädchen Vater-Mutter-Kind.

»Nein, der Vater ist tot, ich bin die Mutter, ihr seid die Kinder.«

»Und warum kann ich nicht der Vater sein?«

»Sag ich doch: weil der tot ist. Und ihr geht jetzt in die Schule, ich muss zum Arzt.«

»Kann ich nicht mit zum Arzt und dolmetschen?«

»Nein, ich kann alleine reden. Ihr geht zu Frau Hübner, damit ihr was lernt.«

Die Eltern des Mädchens, das die Mutter gab, seien geschieden, erfuhr ich von Karin.

Oder: Ein Junge jagte ein spilleriges Kerlchen übers Gelände, der Spillering fiel hin und brüllte. Der Verfolger blieb neben ihm stehen wie angenagelt. Ein Mädchen kam dazu, kauerte sich zu dem jammernden Klassenkameraden und tröstete ihn:

»Tut dir was weh? Nein? Dann ist doch gut. Haste deine Pille wieder nicht genommen? Musst nicht weinen, komm mit zu Frau Hübner, die tröstet dich.« Fürsorglich legte sie den Arm um ihn, als der Junge sich erhoben hatte, und führte ihn zu Karin.

Die natürlich tröstete, und bei dieser Gelegenheit erfuhr ich, dass der Junge seit Längerem Ritalin nahm.

Und als die Kinder endlich in ihren Betten lagen, gingen Karin und ich noch mal durch die Zimmer. Die Mädchen riefen uns aus ihren Betten ein forsches »Gute Nacht« entgegen. Die Jungen baten: »Kommst du noch mal her, Frau Schlüter?«, oder: »Ich muss dir noch was sagen, Frau Hübner!«

Einige umhalsten mich fest, und in diesen Umarmungen lag so viel Hunger nach Zärtlichkeit.

Als nur noch Wispern und Kichern aus ihren Zimmern drang, setzten wir drei Erwachsenen uns, eingemummelt in Decken und dicke Pullover, auf die Terrasse und tranken eine Flasche Rotwein. An diesen Apriltagen wechselte das Wetter, wie es sich für April gehört, aber es fiel kein Regen. An manchen Stellen schien die Sonne so stark, dass das Thermometer auf 25 Grad stieg und nachts nicht unter zehn Grad fiel.

Ich gebe zu, rechtschaffen erledigt gewesen zu sein nach einem solchen Tag. Erledigt von der permanenten Präsenz, dem ungewohnten Krach. Ständig krähte ein Kind: Frau Schlüter, guck mal … Frau Schlüter, der hat mich … Frau Schlüter hier, Frau Schlüter da … Andererseits fand ich es beglückend, mit diesen Kindern zu singen, zu lachen, Spaß zu haben.

Auch Karin und Norbert fühlten sich wohl, schließlich hatten keine bösen Zwischenfälle die Stimmung belastet. Dass ein Mädchen ein anderes fürchterlich in den Oberarm gebissen, ein Junge ein Brötchen durch den Saal geschmissen hatte, dass wir am ersten Morgen eine Zahnbürste besorgten, weil ein anderes Mädchen keine mithatte – ihre Schwester und sie besitzen nur eine gemeinsame, und die Schwester hatte ihre nicht rausrücken wollen –, das buchten sie unter normal. Selbst dass Cem – auch ohne seinen Kumpan Metin ausgesprochen ungebärdig – jeden, der ihm zu nahe kam, buffte und knuffte wie ein junger Stier. Volkan, dessen Zartheit ihn offenbar immer aufs Neue reizte, schubste er beinahe ins Grillfeuer, als wir am Abend Würstchen brieten, sodass er sich die Hand verbrühte. Norbert nahm sich den kleinen Terroristen vor und Karin den wimmernden Volkan, dessen Hand sie minutenlang unter kaltes Wasser hielt. Glücklicherweise hatte sich nur eine kleine Brandblase gebildet.

Und auch dass Colin aufs Fensterbrett geklettert war, wo Norbert ihn glücklicherweise rechtzeitig zurückholen konnte, zählte offenbar zum Alltäglichen; Colins Rucksack sei aus dem Fenster gefallen, und er habe ihn holen wollen, lautete die idiotische Erklärung.

Es war der zweite und letzte Abend, als Norbert nach ein paar Schlucken Wein damit rausrückte, dass er schon nach den Osterferien an einer anderen Schule arbeiten würde. Karin guckte ihn an, als hätte er verkündet, sich jetzt von hier oben in die Tiefe stürzen zu wollen. Ihre Gesichtszüge entgleisten förmlich.

»Ich wollte erst durchhalten«, sagte Norbert fast entschuldigend mehr zu Karin als zu mir, »aber es geht nicht. Ich hab gemerkt, dass ich von Tag zu Tag mehr abbaue. Und nun hat sich plötzlich etwas ergeben, also gehe ich.«

Als hätte Norberts Ankündigung ihr Gehirn jetzt erst erreicht, schossen ihr die Tränen in die Augen. »Du auch…« Das kam mehr gepresst als gesprochen.

Erst vor ein paar Tagen hatte ihr Sabine gestanden, dass auch sie gehen würde. Frau Göbels Ankündigung, im neuen Schuljahr würden sie etliche junge Kräfte an der Platanen-Schule begrüßen können, habe kein schlechtes Gewissen in ihr aufkommen lassen; also hatte sie sich erfolgreich an einer Grundschule in Hammerfeld beworben.

»Es tut mir leid, Karin, aber ich kann nicht mehr«, sagte Norbert in die Stille. Er guckte recht hilflos auf seine schmalen Hände, die er im Schoß gefaltet hatte, sodass die Knöchel weiß schimmerten. Ich legte meinen Arm um Karin, drückte sie an mich. Sagen konnte auch ich nichts.

Nach einer Weile und einem tiefen Schluchzer fragte Karin: »Und was hat der Jahnke dazu gesagt?«

Norbert, froh, dass er wieder Sachliches beitragen konnte, sagte: »Der war wohl froh, dass ich so schnell wie möglich aus seinem Bezirk verschwinde.«

Ein halbes Jahr später, auf Karins Beerdigung, erfuhr ich, wie es Norbert ergangen war: Der Ruf des Minderleisters war ihm in die neue Schule gefolgt und damit der Druck, nicht mehr zu genügen. Die Kinder dieser Schule kamen aus ähnlich schwierigen Verhältnissen wie die der Platanen-Schule. Damit konnte er zwar umgehen, nicht jedoch mit der Tatsache, dass seine Lehrtätigkeit immer wieder überprüft wurde. Verunsichert, gedemütigt, ausgelaugt, plagte ihn die Angst, zu versagen. Er fühlte sich wie ein Referendar während der Probezeit. Auch er hatte längst professionelle Hilfe gesucht und seine Depression monatelang mit Medikamenten bekämpft. Bis er zusammenbrach. Kurz vor Beginn des neuen Schuljahres wurde er krankgeschrieben, im September ging er für drei Monate in eine Klinik für Psychiatrie und Psychotherapie. Und nach vielen Gesprächen mit seinem Therapeuten und seiner Frau schied er aus dem Schuldienst aus.

Wir gingen bald ins Haus. Norbert hatte ein Zweibettzimmer für sich, Karin und ich teilten uns eines. Ich gab ihr einen schwesterlichen Gutenachtkuss, und dann lagen wir noch lange wach und starrten schweigend in die Dunkelheit.

27

Es war der letzte Sommer, den Frank als Linienpilot arbeitete, was für uns beide getrennten Urlaub bedeutete. Heute bin ich froh darüber, dass ich noch einmal dreieinhalb Wochen mit Karin verbrachte. Ferien in Italien – und was für Ferien!

Wir flogen von Düsseldorf bis Rom, bestiegen dort einen Zug nach Neapel. Im Abteil kamen wir mit einem älteren Italiener ins Gespräch, der uns eindrucksvoll versicherte, dass Neapel kein geeigneter Aufenthaltsort für Damen sei, weil wir mit großer Sicherheit beklaut werden würden. Mein Italienisch hätte eine solche Unterhaltung nicht hergegeben, aber Karin hatte an der Volkshochschule einen Kurs belegt, und schließlich haben wir gelernt, uns auch ohne viele Worte zu verständigen. Abgesehen davon, dass wir uns nach Verlassen des Bahnhofs von der Camorra und anderen zwielichtigen Gesellen umstellt wähnten, empfanden wir Neapel auf den ersten Blick als wenig reizvoll. Nach einem Rundgang durch die Stadt gingen wir mit unseren Rollkoffern zurück zum Bahnhof und fuhren weiter nach Sorrent. Die Hotels waren alle ausgebucht, in einer Art Jugendherberge fanden wir zwei Betten. Es war echt italienisch laut und sehr schlicht. Aber wir unternahmen einen Ausflug nach Pompeji, der uns für alles entschädigte. Zumal wir vorher beide den Roman von Robert Harris gelesen hatten. Mit seinen eindrucksvollen Bildern im Kopf hätten wir uns auch ohne deutschsprachige Führung in den Straßen und Häusern zurechtgefunden.

Die Amalfi-Küste besahen wir uns von einem Schiff aus, dann reisten wir weiter mit einer ganz kleinen Schienenbahn bis Gallipoli, wo wir nach längerer Suche ein Quartier fanden: hinreißende Lage – direkt am Strand, billig und ziemlich feucht. Dort blieben wir ein paar Tage, mieteten ein Auto, mit dem wir nach Lecce fuhren und zum Kastell von Trani und nach Alberobello, wo wir uns an den putzigen Kegel-Bauten begeisterten, die das Städtchen auf die Weltkulturerbe-Liste gebracht haben. Der Höhepunkt aber war Rodi Garganico. Ein Traum aus weißen Häusern, die hoch über dem kitschpostkartenblauen Meer am Berg kleben, mit engen Gassen und Gärten voller prächtiger Blüten. Wir hatten ein feines, preiswertes Hotelchen gefunden, mit Meerblick und Vollpension. Die Küche war exquisit und Karin begeistert: Orecchiette, gefüllt mit Lammragout oder Wildbroccoli, Altamura, dieses Brot aus zweifach gemahlenem Hartweizengrieß, Fresa, der unglaublich zarte Käse, dazu wunderbarer Wein, weiche Luft, das Meer blau und klar – was will man mehr.

Wir vertrödelten die Tage, schwammen, spazierten am Strand entlang, lasen die mitgebrachten Bücher, die wir austauschten: Elizabeth George: Vergiss nie, dass ich dich liebe; Anna Tyler: Im Krieg und in der Liebe, und Lionel Shriver: Wir müssen über Kevin reden, diese grauenvolle Geschichte eines Jungen, der mehr als ein Massaker angerichtet hat. Und natürlich kamen wir durch die Gespräche über dieses Buch auf Karins »Zeitbömbchen« zu sprechen. Aber lange wollte sie sich nicht mit diesem Thema aufhalten, zu leicht, zu heiter, zu unbeschwert fühlten wir uns in der apulischen Landschaft.

Karin musste mittags schlafen, die Psychopharmaka machten sie müde, aber auch unglaublich gelassen. Als das Bargeld mal wieder alle war, suchten wir einen Bankomat, ich schob meine Karte rein, gab die Geheimzahl ein und bekam die Auskunft: Non funziona. Karins Versuch mit ihrer Karte beantwortete der Bankomat ebenfalls verneinend. Wir bummelten durch die Stadt, versuchten an jedem Gerät unser Glück, aber immer hieß die Antwort: Non funziona. In einer Bank, deren Automat uns ebenfalls abschlägig beschieden hatte, fragten wir nach dem Grund, aber der Bankmensch versicherte uns, der Automat funktioniere. Einmal, das Non funziona hatte uns schon nicht mehr überrascht, kam uns ein Mann hinterhergelaufen und hielt uns dreihundert Euro hin: Die gehören doch Ihnen, die kamen eben aus dem Automaten!

Ich bin fast ausgeflippt: »Karin, das war der sechste Automat, wenn das Geld immer rausrutscht, wenn wir schon weg sind, dann haben wir jetzt 1.800 Euro verloren!«

Karin lachte so laut, wie sie lange nicht gelacht hatte. Sie krümmte sich vor Lachen. Und je verzweifelter ich guckte, desto mehr lachte sie.

»Karin, hör auf mit dem blöden Gelache, ich krieg 'ne Krise, wenn jetzt 1.800 Euro futsch sind!«

Als sie endlich wieder Luft holen konnte, reichte sie mir ihre Pillenschachtel: »Hier, schmeiß dir mal so 'ne Tablette ein, die hilft, dann ärgerst du dich über nichts mehr!«

Und immer, wenn ich wieder über das vermutlich verlorene Geld lamentierte, tröstete sie mich mit unerschütterlicher Heiterkeit: »Lass dir nicht die Laune verderben, das bringt nichts. Wir werden sehen, was passiert ist, wenn wir zu Hause sind.«

Als wir eine Woche später heimkamen, sahen wir, dass wirklich nichts passiert war. Des Rätsels Lösung erfuhren wir nie.

Karins Laune blieb heiter, sie freute sich auf den Alltag mit ihren »kleinen Ungeheuern«, sie wirkte zuversichtlich und belastbarer als im Frühjahr.

An einem Nachmittag in diesem regenreichsten August seit vierzig Jahren fuhren wir nach Essen in die Villa Hügel, um eine Tibet-Ausstellung zu besuchen. Wir hatten uns für einen Freitag entschieden, weil die Ausstellung freitags bis 21 Uhr geöffnet war, und wir hofften, nicht allzu lange anstehen zu müssen. Tibet gehörte zu unseren noch unerfüllten Reisewünschen, und diese von Laien und vom Klerus gleichermaßen verehrten Kultobjekte aus buddhistischen Klöstern an einem Ort sehen zu können erfüllte uns mit ziemlicher Ehrfurcht. Zumindest nahm ich an, dass Karin ebenso wie ich aus Ehrfurcht schwieg, als wir vor diesen Skulpturen, Gemälden, dem Altargerät, den Perlen, Edelsteinen, schimmernden Stoffen standen. Besonders vor Avalokiteshvara, der Schutzgottheit mit den tausend Händen, standen wir wie angewachsen, als Karin plötzlich sagte: »Ich hab keine Klasse mehr.«

»Wie bitte?« Ich begriff nicht gleich.

»Ich hab keine eigene Klasse mehr. Man hat sie aufgelöst.«

Einen Moment starrte ich sie an, als hätte sie mir erklärt, sie würde morgen nach Tibet auswandern.

»Lass uns nachher darüber reden. Ich komm noch mit zu dir, und wir trinken einen Wein, ja?«

Sie nickte. Wir gingen zwar weiter durch die Ausstellung, aber um meine Andacht war es geschehen. Was war das nun wieder für ein Akt in diesem Drama? Mehr als zwanzig Jahre hatte Karin eine Klasse geleitet, und nun, mit 51 Jahren, sollte das vorbei sein? Ich wusste: Genau das würde Karin den Lebensinhalt nehmen und ihr den Boden unter den Füßen wegreißen. Sie hatte nur diese Kinder, für die sie verantwortlich war, für die sie sorgte, deren Seelchen sie manchmal streichelte, deren Charakter sie zu formen versuchte, mit denen sie fast so viel Zeit verbrachte wie deren Eltern.

Ich höre noch Greta, die ich kurz vor dem neuen Schuljahr getroffen hatte: »Neulich saß ich mit Karin am Tennisplatz – sie freute sich so sehr auf ihre neuen Kinder!«

Und nun? Ihr musste zumute sein wie einer Mutter, der man das Sorgerecht entzogen hat und die nur noch von ferne wahrnehmen darf, wie sich ihre Schutzbefohlenen entwickeln.

Ich rückte mechanisch von einem dieser fernöstlichen Exponate zum anderen. Wagte nicht, Karin anzusehen, die vermutlich ebenso leer auf die Vitrinen starrte wie ich. Ich erinnerte mich an diese Potsdamer Lehrerstudie, von der ich vor einiger Zeit gelesen hatte. Je mehr ich davon aus meinem Gedächtnis hervorholte, desto mehr wuchs meine Sorge um Karin. Sie verkörperte genau einen der darin beschriebenen Risikotypen: Außerordentlich starkes Engagement mit verminderter Widerstandsfähigkeit gegenüber Belastungen, die nicht durch befriedigende private Lebensumstände gestärkt werden kann, hieß es in der Untersuchung. Mir war schon länger bewusst, dass Frauen wie Karin in diesem Beruf gefährdet sind. In der Beschäftigung mit ihren Schützlingen erfuhr sie Befreiung und Anerkennung. Mit den Kindern zusammen »zündete sie Kerzen an«. Und die Kinder spürten, dass sie für Karin wichtig waren. So entsteht wechselseitige wohlwollende Wahrnehmung. Wie die Lächel-Dialoge zwischen Eltern und Baby – mit jedem Lächeln erfährt das Baby, dass es für die Eltern ein Geschenk ist. Und das sollte jetzt vorbei sein? Plötzlich und unerwartet? Diese Entscheidung musste sie noch tiefer getroffen haben als der Stempel Minderleisterin, den sie zudem mit drei Weiteren teilte. Jetzt war sie die Einzige, die sich gedemütigt und diskriminiert fühlen musste. Solange sie in ihrer vertrauten Nische wirken konnte, hielt ihr Selbstbewusstsein; auch die abschätzigen Äußerungen ihres Vaters konnten ihr – zumindest scheinbar – nichts anhaben. Und den Einfall der Schulräte schien sie auch irgendwie verkraftet zu haben, wenn auch nur mithilfe ihrer Wunderpillen. Woraus aber sollte sie nun noch Kraft und Stärke schöpfen?

Ziemlich schweigsam fuhren wir zu ihr. Und kaum, dass die Wohnungstür uns abschirmte, brach sie weinend zusammen.

Stammelnd und schluchzend berichtete sie, dass Frau Göbel in der Konferenz vor dem Schulanfang verkündet habe, laut

Weisung von oben müsse eine Klasse aufgelöst werden. Vier Klassen einer Stufe seien zu viel an dieser Schule, zumal jede Klasse nur um die zwanzig Kinder habe. Und da Karins die schwierigste gewesen war, habe man sich entschieden, diese aufzuteilen, sodass drei Klassen mit einer Stärke von 25 bis 27 entstanden. Die Stundenpläne seien natürlich auch schon fertig gewesen.

»Aber ihr habt euch doch immer kleine Klassen gewünscht? Alles schreit nach kleineren Klassen, und bei euch werden sie vergrößert?«, wunderte ich mich.

»Ja, und Frau Göbel hat diesen Wunsch wohl auch gegenüber dem Schulrat unterstützt. Sie hat immer betont, dass sich unsere Schule an diesem schwierigen Standort kleine Klassen leisten können müsse. An anderen Schulen gebe es auch kleine Klassen. Aber man sieht ja, was Worte wert sind.«

»Das schleppst du seit drei Wochen mit dir rum? Da telefonieren wir jeden zweiten Tag miteinander, reden blablabla – warum hast du mir das nicht schon früher erzählt?«

Sie guckte mich an wie ein Reh, das versehentlich auf die nachtdunkle Autobahn geraten und geblendet ist.

»Ich konnte nicht.« Das kam ganz leise.

»Und was machst du jetzt?«

»Ich soll erst mal bei den anderen Unterricht machen. Und die drei Kollegen, die die Kinder aufgedrückt bekommen haben, sind auch stinksauer. Die können nun überhaupt nicht mehr ordentlich arbeiten, weil meine natürlich die in einem Jahr gewachsenen Klassen aufmischen.«

Ich war sprachlos.

»Frau Göbel hat es übrigens den Eltern noch immer nicht erzählt. Erst nächste Woche ist ein Elternabend, wo ihnen das mitgeteilt wird.«

Karin holte Luft, und ein Anflug von Wut brach sich Bahn:

»Das hätte man mal in einer Schule in der Weststadt machen

müssen. Die Eltern hätten sich so was nicht gefallen lassen. Aber die Eltern dort zahlen ja auch in die Fördertöpfe, die darf man nicht vergraulen. Und sie sind wortgewandt und wissen, wo man sich erfolgreich beschwert. Mit unseren Deppen kann man offensichtlich alles machen!«

»Die Eltern sind das eine, aber ihr Lehrer könnt euch doch beschweren. Warum nehmt ihr das hin wie eine Schafherde, die zur Schlachtbank geführt wird?«

Karin zuckte mit den Schultern und tupfte sich die Augen trocken.

»Vielleicht ist es ganz gut so, dann hast du weniger Verantwortung und kannst dich endlich mal ein bisschen um dich kümmern«, versuchte ich zu trösten. Sie guckte mich an, als hätte ich sie beleidigt. Uns fiel nichts mehr ein, was wir hätten sagen können.

28

Wir telefonierten weiterhin zwei-, dreimal die Woche miteinander, nun aber fragte ich sie gezielt nach ihrer Arbeit. Sie würde ihre Kolleginnen und Kollegen unterstützen, Fachunterricht erteilen, einspringen, wenn jemand fehle, bekam ich zur Antwort. Dass sie von einem zum anderen lief und bettelte, unterrichten zu dürfen, erfuhr ich mal von Sabine.

Mitte Oktober hatte ich eine Konzertkarte übrig. Hoffnungsvoll und gutgläubig hatte ich Wochen zuvor für Frank und mich Karten für die Konzerthalle gekauft, weil ich gern die junge Geigerin Julia Fischer hören wollte. Aber wie so häufig musste Frank kurzfristig für einen Kollegen einspringen und fliegen. Also fragte ich Karin, ob sie Lust habe, sich am nächsten Abend mit mir Beethovens Violinkonzert und Brahms anzuhören.

»Oh ja, gern – aber könntest du mich bitte abholen? Ich kann so schlecht laufen.«

»Wieso das denn?«

»Ich weiß nicht, mir tut der Fuß so weh, es fing vor ein paar Tagen mit einem leisen Schmerz an und wird seitdem immer schlimmer.«

»Der Fuß? Oder das Gelenk? Bist du umgeknickt? Hingefallen?«

»Ich kann mich nicht erinnern. Neulich bin ich mal auf der Straße vom Bordstein abgerutscht, vielleicht rührt es daher. Obwohl ich danach keinen Schmerz gespürt habe, nur der Schreck war mir in die Glieder gefahren, weil ich beinahe lang hingeschlagen wäre. Vielleicht fing es da an. Es ist der Mittelfuß, der wehtut.«

»Okay, ich hole dich morgen Abend ab, und übermorgen fahre ich dich zum Arzt, ich verschiebe meine Termine. Kennst du einen Orthopäden?«

Sie wollte abwiegeln, aber ich befahl ihr in dem Ton, mit dem sie gelegentlich zu ihren Kindern sprach, sofort bei dem Arzt einen Termin zu machen, »mit dem Hinweis, es sei dringend und akut. Punkt. Und tschüs bis morgen!«.

Sie humpelte wirklich ziemlich erbarmungswürdig die Stufen von ihrer Haustür herunter, setzte den linken Fuß nur behutsam auf, gönnte ihm, auf dem rechten stehend, jedes Mal eine kleine Pause in der Luft. Hatte Stiefel angezogen, damit der Fuß Halt bekam.

Ich parkte im Parkhaus der Konzerthalle, und sie war froh, als wir unsere Plätze einnehmen konnten. Ich weiß nicht mehr, ob sie das Konzert so genossen hat wie ich. Im Parkhaus trafen wir Thomas und seine Frau. Thomas, der Karin längere Zeit nicht gesehen hatte, verbarg mit Mühe sein Erschrecken über ihr Aussehen.

»Geht's dir gut, Karin?«, fragte er besorgt. »Du siehst müde aus. Und was ist mit deinem Fuß los?«

Sie gab eine ausweichende Antwort, versicherte aber auch ihm gegenüber, morgen zum Arzt gehen zu wollen.

»Wir müssten mal wieder was zusammen machen, vielleicht lade ich im Winter ein paar Leute ein zu mir, was haltet ihr davon?«, spielte sie wieder den Muntermacher.

Der Orthopäde, den wir am nächsten Tag aufsuchten, schrieb Karin krank und empfahl absolute Schonung. Sie sollte nicht rumlaufen, das Bein hochlegen.

»Weiter nichts? Was ist es denn?«, wollte ich wissen, als ich neben ihr im Tempo einer Achtzigjährigen die Treppe runter zum Auto ging.

»Das sei ein Ermüdungsbruch, hat er gesagt, und so was passiere nach hoher Belastung oder Stress. Die Muskeln seien ermüdet und konnten der Belastung nicht mehr standhalten, wodurch es zu einer Fraktur im Mittelfußknochen gekommen sei. Ob ich psychische Probleme habe, hat er mich gefragt. Dadurch hätte ich eine Körperfehlhaltung eingenommen, die diesen Bruch provoziert habe. Und Wassermangel durch die Medikamente, die ich seit einem Jahr gegen Bluthochdruck und Depression einnehme, könnten auch schuld an einer Schwächung der Muskeln sein.«

»Muss da kein Gips rum?«

»Nö. Er hat mir erklärt, dass der Mittelfußknochen auf beiden Seiten gleich geformte Knochen und Muskeln im selben Verlauf habe, die wie eine Schiene wirkten. Das schütze den Bruch, sei aber schmerzhaft.«

»Und wie lange dauert so was?«

»Keine Ahnung. Er hat mich erst mal für zehn Tage krankgeschrieben.«

Wir aßen beim Italiener eine Pizza, dann brachte ich Karin nach Hause. Ihr Kühlschrank gab genug her, sodass man vorerst nicht einkaufen musste. Ich versprach, sie wieder anzurufen.

Am Abend telefonierte ich mit Sabine, um eine Art Betreuung zu organisieren, falls Karins Fuß längere Zeit der Schonung bedurfte.

Sabine wusste noch nicht mal, dass Karin keine eigene Klasse mehr führte.

»Das fasse ich nicht – sie greift doch sonst immer sofort zum Hörer, wenn ihr was querläuft! Aber auch diese Minderleister-Geschichte hat sie mir erst Wochen später wie nebenbei erzählt. Und jetzt wieder so 'ne Geschichte? Und wieder erzählt sie nichts? Schämt sie sich so? Oder ist sie so tief deprimiert? Ich glaube, diese Ereignisse nehmen ihr die Luft zum Atmen.«

Sabine machte eine Pause.

»Und jetzt ist sie also wirklich mal krankgeschrieben, na,

wenigstens das ist gut«, nahm Sabine den Faden wieder auf. »Sie hat manchmal gesagt: Ich glaub, ich brauch mal einen Krankenschein, besonders die Eltern dieser Kinder gehen mir auf die Nerven! Aber dann hat sie sich doch nie krankschreiben lassen.«

Wir verabredeten, mit Karin und untereinander telefonisch Kontakt zu halten, Sabine wollte öfter bei ihr reinschauen und auch Nikola informieren.

Eine Woche später rief mich Sabine an:

»Ich mache mir Sorgen um Karin. Ich war gestern bei ihr – sie sah so anders aus.«

»Wie anders?«

»Sie freute sich doch sonst immer, wenn wir zusammen sein konnten. Hat sie dir erzählt, dass wir vor ein paar Wochen im Spielcasino Hohensyburg in Dortmund waren? Wir haben ein bisschen Roulette gespielt und sogar gewonnen – Karin über hundert Euro, ich fast achtzig, wir hatten viel Spaß dabei, waren lustig, fast so ausgelassen wie früher. Aber gestern … gestern guckte sie so müde, erschöpft. Sie strahlt eine körperliche Schwere aus – das klingt jetzt vielleicht theatralisch, und sie hat auch ein bisschen zugenommen –, aber sie ging so schwer, als trüge sie eine Last, die zu groß, zu schwer ist für sie. Eleonora …«

Sie zögerte weiterzusprechen.

»Ja? Was meinst du?«

»Eleonora, das mag dir jetzt dramatisch erscheinen, aber so ähnlich sah meine Schwiegermutter eine Woche vor ihrem Tod aus. So anders: das Gesicht, der Blick und ihre Sprache. Früher hatte sie immer einen Spruch drauf, flapsig, locker; sie ist jetzt so müde.«

Ihre Worte erschreckten mich. Sie in irgendeiner Form zu entkräften, Zuversicht zu verbreiten fiel mir jedoch schwer.

Als ich anschließend mit Karin telefonierte, fand ich bestätigt: Sie sprach schleppend, müde. Am nächsten Morgen wolle sie zu ihren Eltern fahren, ihre Mutter dürfe sich nicht auch noch um sie sorgen, sie habe genug an der eigenen, viel schlimmeren Krankheit zu tragen.

»Kannst du denn Auto fahren?«

»Ist doch ein Automatikauto, den kranken Fuß muss ich nicht bewegen.«

»Rufst du mich an, wenn du angekommen bist? Und wenn ich dich abholen soll, falls es dir nicht gut geht?«, bat ich.

»Klar. Mir geht's gut, mach dir keine Sorgen.«

War es Zufall oder doch eine dumpfe Ahnung, die mich zwei Tage später durch ihre Straße fahren ließ? Ich hatte den ganzen Tag fotografiert, kam zurück und fuhr nicht, wie gewohnt, über die Adenauerbrücke und die Hagenauer Straße, sondern rechts lang, Richtung Weststadt. Mein Auto schien wie von selbst in die Prinz-Eugen-Straße zu steuern. Ihr Mazda parkte vor dem Haus, in ihrem Wohnzimmer brannte Licht. Ich weiß nicht, warum, ich rief nicht Karin, sondern Sabine an.

Ja, sie habe mit Karin telefoniert: »Den Besuch ihrer Eltern hat sie um einen Tag verschoben, sie wollte in die Schule und der Direktorin sagen, ihre Krankheit sei nicht so schlimm, sie wolle Montag wieder unterrichten. Sie habe zunächst vergeblich versucht, diese Direktorin anzurufen, nun wollte sie hin. Karin wirkte allerdings eher hektisch als müde.«

Ich begnügte mich mit der Auskunft, musste mich beeilen, weil ich noch einen Termin hatte. Wir verabredeten, dass ich Karin am kommenden Tag aufsuchen und Sabine anschließend informieren würde.

Vielleicht war sie mit der Straßenbahn ins Zentrum gefahren, trösteten wir uns. Im Winter ließ auch ich eine kleine Lampe brennen, um Anwesenheit zu signalisieren und nicht in eine dunkle Wohnung zu kommen.

29

Am nächsten Nachmittag, einem Freitag, parkte ich wieder hinter Karins Mazda. Sah oben immer noch das Licht brennen. Drückte vergeblich die Klingel neben ihrem Namensschild. Versuchte, sie sowohl auf ihrem Festnetz- als auch auf ihrem Mobiltelefon zu erreichen. Immer wieder. Ich redete auf Mailbox und Anrufbeantworter. Ich hatte Angst. Rief Sabine an, die informierte Nikola, beide signalisierten, sofort zu kommen.

Ich wartete im Auto. Seit zwei Tagen überstieg das Thermometer nicht mehr die 10 Grad. Bis Dienstag hatte der Oktober das Wetterjahr der Superlative bestätigt: Es war der zweitwärmste Oktober seit Beginn der meteorologischen Aufzeichnungen 1901. Die Blätter, die schon seit August wahrscheinlich vor Durst von den Bäumen gefallen waren, blieben in dieser vornehmen Straße nie lange liegen. Sie sah auch jetzt sehr aufgeräumt aus. Kein Mensch weit und breit. Auch Karins Vermieter schienen nicht zu Hause zu sein, auf mein Klingeln hatte sich nichts gerührt. Nur oben dieses Licht, das mir immer unheimlicher wurde. Das Wort Selbstmord drängte sich wieder und wieder in meine Gedanken, wieder und wieder verscheuchte ich das Wort. Doch nicht Karin! Die doch nicht! Aber was, um Himmels willen, war passiert?

Warum haben wie nie unsere Schlüssel ausgetauscht? Wir hatten es mal in Erwägung gezogen, aber nie in die Tat umgesetzt. An mehr als an ein paar Wochen Abwesenheit hatten wir ohnehin nicht gedacht, Gedanken über Gebrechlichkeit im Alter auf weite Ferne verschoben und weggelacht. Aber jetzt stand ich vor der Tür, schreckliche Ahnungen im Nacken.

Endlich bog ein Auto um die Ecke, in dem ich Sabine und Nikola ausmachte. Wir stiegen zu dritt die Stufen zur Haustür hinauf, taten zu dritt, was ich bisher allein getan hatte: bei Karin klingeln, Karins Telefonnummern wählen. Vermuten, was geschehen sein könnte. Wir berieten, was zu tun sei.

Mittlerweile war es Abend geworden, Tagesschau-Zeit. Wir rufen jetzt die Polizei. Dürfen wir das? Warum nicht, wir sind Freundinnen. Ja, aber nicht Verwandte. Gut, dann rufen wir erst ihre Verwandten an. Aber nicht die Eltern! Nein, ihren Bruder.

Ich bekam Christine Hübner, Karins Schwägerin, an den Apparat, fragte harmlos, ob Karin bei ihr oder ihren Eltern sei.

Christine Hübner erklärte – ahnungslos und freundlich wie immer – dass Karin so eine ganz Spontane und meist in Eile sei. Wenn sie jetzt bei ihren Eltern wäre, was sie nicht wisse, würde sie sich vielleicht später kurz bei ihr melden …

Ich unterbrach sie, schilderte die Situation und unsere Sorge.

»Dürfen wir die Polizei informieren, dass die die Wohnung aufbrechen? Ich glaube, dazu brauchen wir Ihr Einverständnis.«

Jetzt teilte Frau Hübner unsere Aufregung, bat uns, alles zu tun, was notwendig sei, und sie wieder zu informieren.

Natürlich wollte der diensthabende Polizist am Telefon Sabine abwimmeln, aber die schaltete ihre Autoritätsstimme ein und verlangte umgehend einen Streifenwagen.

Ein paar Minuten später hielt einer auf der anderen Straßenseite, zwei Polizisten überquerten zögernd die Straße, hörten schweigend zu, was Sabine ihnen erklärte.

»Also brechen wir jetzt die Türen auf?«, sagte der Ältere, was wohl mehr rhetorisch gemeint war. Denn unsere Bitte war dringlich, wir spürten alle drei, dass etwas nicht stimmte.

»Sie warten bitte hier«, bremsten uns die beiden, nachdem sie das erste Schloss geknackt hatten.

Wir starrten auf die weiß lackierte Tür mit den blank geputzten Messingbeschlägen, die vor unseren Nasen wieder zugefallen war. Sahen uns an. Aber jede von uns fand in den Augen der anderen nur Panik. Nach einer Weile brach eine das Schweigen.

Ob sie noch lebt?

Na hoffentlich, an was anderes denke ich gar nicht!

Aber wenn sie sich selbst …?

Quatsch, Karin doch nicht.

Woher willst du das wissen?

Weil ich sie schon so lange kenne.

Na und? Sie ist so oft allein, weißt du, was sie denkt, fühlt, tut?

Sie hat so viele Medikamente gehortet, vielleicht hat sie aus Versehen …

… und ist umgekippt und nicht mehr hochgekommen …

Vielleicht wollte sie eine von uns oder ihre Ärztin anrufen und konnte aus irgendwelchen Gründen das Telefon nicht erreichen … Die werden sicher gleich einen Notarzt rufen. Müssen sie ja.

Scheiße, warum hab ich sie gestern nicht angerufen.

Sie klang ganz munter, als ich das letzte Mal mit ihr sprach.

Munter? Munter war sie schon lange nicht mehr.

Vielleicht hätte sie es als Kontrolle empfunden, wenn wir dauernd angerufen hätten.

Trotzdem …

Endlich öffnete einer der beiden Polizisten die Haustür. Es war der jüngere, dem wir ansahen, dass ihm die Situation Not bereitete. Er baute sich so vor uns auf, dass wir keine Chance hatten, an ihm vorbei ins Treppenhaus zu gelangen. Man habe den Notarzt informiert, der gleich da sein müsse.

»Ist sie …«

»Ja, sie ist tot.«

Die Nachricht sauste auf uns nieder wie der Schlag mit einem Gummihammer.

»Seit wann?«

»Das wird der Arzt feststellen.«

Wir müssen den Mann angeglotzt haben wie Kinder, die einem Gruselmärchen lauschen. Richtig begriffen haben wir in dem Moment nicht, dass Karin nicht mehr lebt.

»Wir würden sie gern sehen!«, bat Sabine.

»Nein, das wäre nicht gut.«

Das wäre nicht gut? Wie sieht man aus, wenn man tot ist und es nicht gut ist, betrachtet zu werden? Hat ihr Kampf mit dem Tod Spuren hinterlassen? Oder war das nur so eine Floskel, die er auf der Polizeischule gelernt hat?

»Aber wir sind ihre Freundinnen!«

Er trat verlegen von einem Fuß auf den anderen. Er wirkte hilflos angesichts unserer Tränen. Endlich, nach einer längeren Denkpause, gab er preis, was er vorgefunden hatte: einen leeren Eimer neben dem Bett, zwei umgestürzte Stühle im Wohnzimmer, daneben ein Bügelbrett, und dann die Frau, im Schlafanzug am Boden liegend.

Kein Fremdverschulden. Und offenbar kein Selbstmord. Aber der Arzt käme gleich.

Natürlich kein Selbstmord. Nie hätte sich Karin – sollte sie es in Erwägung gezogen oder vorgehabt haben – im Schlafanzug neben dem Bügelbrett umgebracht. Nie! Da waren wir drei uns einig. Sie hätte sich geschminkt, gut angezogen, ihren schönen Schmuck angelegt, hätte sich aufs Bett gelegt und eine tödliche Dosis Tabletten geschluckt.

Aber woran ist sie gestorben? Und wie? Fühlte oder wusste sie: Jetzt ist es zu Ende? Hatte sie überhaupt Zeit, an irgendetwas zu denken? Und wenn ja, woran? An die Segeltouren auf dem Ijsselmeer mit ihrer unglücklichen Liebe Jürgen? An die fröhlichen, hoffnungsvollen Stunden mit Ralf? An unsere gemeinsamen Reisen, an ihre kranke Mutter, den autoritären Vater? An ihre Kinder in der Schule? War dieses unselige letzte Schuljahr noch mal in ihrem Kopf abgelaufen wie ein bedrückender Film? Dachte sie, die Ordentliche, an die Unordnung in irgendeiner Schublade?

Wie wenig ich doch über meine Freundin wusste.

Irgendwann, der wortkarge Notarzt, der ebenfalls Selbstmord ausgeschlossen hatte, war rasch wieder verschwunden, fiel uns Karins Familie ein. Wir besprachen das mit den Polizisten. Sollten wir?

»Nein, wir erledigen das.«

30

Am nächsten Morgen wählte ich erneut die Nummer von Karins Bruder. Die Mutter sei noch in der Nacht ins Krankenhaus gebracht worden, erfuhr ich. Sie starb ein Jahr nach ihrer Tochter, drei Tage vor Weihnachten.

Ich half Christine Hübner, Karins Wohnung auszuräumen. Unmengen von Tabletten fanden wir – Psychopharmaka, Analgetika. Und noch etwas fiel mir ins Auge. Neben ihrem Computer lag ein Blatt Papier. Es war das Märchen, das sie uns vor rund einem Jahr zu lesen gegeben hatte. Doch es hatte einen anderen Schluss:

Nach der Absetzung Jörgs des Schrecklichen übernahm eine schwarze Hexe die Herrschaft über das Reich. Sie wollte nicht nur Macht und Ansehen wie ihr Vorgänger, sondern sie wollte alle Kreaturen ihres Reiches im Staube vor sich kriechen sehen.

Sie ließ alle Untertanen zu sich kommen, lächelte ihr gemeines Lächeln und murmelte eine ihrer gemeinsten Zauberformeln. So verwandelte sie alle, die keinen Schutz vor Hexensprüchen unter ihrem Hemde trugen, in Würmer, die sich demütig vor ihr ringelten, und in Schlangen, die an Hinterhältigkeit und Giftigkeit kaum zu übertreffen waren.

Diejenigen, die sich vor dem Zauberspruch retten konnten, verließen traurig das Katzenburger Land und brachten sich in Sicherheit vor den Angriffen der hinterhältigen Hexe. Sie begannen ein neues Leben, und schon bald konnten sie sich kaum mehr an die Zeit mit den Eseln erinnern. Und sie lebten glücklich und zufrieden bis an ihr seliges Ende.

Wann mag sie das geschrieben haben? Und warum? Ihre Schwägerin kannte das ganze Märchen nicht.

Sabine hatte gesagt, dass Karin in die Schule wollte – war sie dort gewesen? Hatte sie mit der Rektorin gesprochen? Warum hat sie Frau Göbel, die ihr vor allen anderen das Du angeboten, ihr beteuert hatte, sie zu unterstützen, warum hat sie diese Frau nun in ihrem Märchen als schwarze Hexe bezeichnet?

»Woran ist Karin gestorben? Wir wissen es immer noch nicht«, fragte ich Christine Hübner.

»Wir wissen es auch nicht genau – auf dem Totenschein steht Herzinfarkt. Bei einem Herzinfarkt kann einem übel werden und man fällt hin. Ich habe mit einer befreundeten Ärztin gesprochen, die meinte, es habe auch ein Aneurysma oder eine Lungenembolie gewesen sein können. Aber auch große Aufregung könne bei belasteten Menschen zum Tod führen.«

»Und ihre Eltern wollten keine Obduktion?«

»Nein«, sagte sie, »besonders meine Schwiegermutter lehnte sie ab. Es hätte Karin nicht wieder lebendig gemacht.«

Wie wahr. Fremdverschulden und Selbstmord hatte der Notarzt ausgeschlossen, also erübrigte sich eine Obduktion. Es war müßig, nach mehr zu suchen.

Karin Hübner starb durch den Sturz aus ihrem Alltag, bei dem erst ihr Fuß brach und dann ihr Herz.